英語長文 1
出題パターン演習

島田浩史・久末厚夫 共著
米山達郎 監修

はじめに
——長文問題の基本を身につけたいあなたに——

「長文が苦手だ」という受験生はたくさんいます。いったい何が原因なのでしょうか。確かに，英文を読むためには，語彙力も文法力も必要です。でも，ある程度語彙も覚え，文法もかなり身についたのに「長文で点が取れない」という人も数多くいます。受験英語において，長文で点が取れないということは，合否に直結する大問題です。さあ，あなたならどうしますか？

本書は，やや易レベルから標準レベルの長文問題を16題収録し，「長文が苦手」な受験生に対して，語彙面や文法面のトレーニングだけでなく，入試問題を解くにはどのような視点から，どうアプローチしていけばよいかを徹底的に解説し，どうすれば得点力が上がるかを追求した問題集です。

まず，私たちはこれまでに出題されている数多くの長文問題の傾向を調べ，長文で出題される問題の中で，「空所補充問題」，「パラフレーズ（語句言い換え）問題」，「内容一致問題」，「説明問題」，「下線部和訳問題」の5種類が主な出題パターンであると考えました。そして，本書に掲載されたすべての長文問題には，この5つの問題形式が必ずすべてバランス良く含まれるように作り替えたのです。

問題作成にはかなりの労力が必要だったのですが，こちらで意図的に作問することで，問題のレベルをそろえることも，よく出題される問題を入れ込むことも，悪問や観点の重複した問題をカットすることも可能になったのです。また本書に掲載された長文素材は，莫大な数の入試問題を吟味し，特定の大学・特定の分野に偏ることなく選定された，良質のものであり，ここに「長文問題の頻出パターンを効率よくトレーニングできる問題集」が生まれたのです。

それではみなさん，本書で「長文問題の解き方」をしっかりとマスターして，長文に対する苦手意識を取り除いてしまいましょう！　問題の正しい解き方を本書で知り，それをみなさんの受ける大学の過去問でも試してみてください。きっと得点力が上がることでしょう。

そして，皆さんの夢（＝志望大学合格）を実現してください。

河合塾英語科講師　島田浩史　久末厚夫

本書が目指した7つのこだわり

①英文選定のこだわり
　過去の入試問題の中から，良質の英文で構成され，繰り返し出題されそうな頻出のテーマや興味深いテーマを扱っているものを偏りなくセレクト。

②問題形式へのこだわり
　1つの長文に，大学入試に出題される主要な形式（空所補充・パラフレーズ・内容一致・説明・和訳・要約）をすべて入れ込み，偏りのない全方位的な実戦トレーニングができます。

③問題の質に対するこだわり
　問題を1つひとつ見直し，レベルにあった問題や頻出の問題を意図的に作問。出題項目が重複することもなく効率よいトレーニングができます。

④採点基準に対するこだわり
　すべての問題は50点満点のテスト形式。選択式問題だけでなく，記述式問題にも採点基準を設けることによって，模試を受ける感覚で自分の実力把握が客観的に行え，弱点の見極めができます。

⑤レベルに対するこだわり
　レベル別の3分冊にすることで，細やかなレベル対応が可能。1冊の中でも長文の語数の少ない素材から語数の多い素材へと配列し，段階的に得点力が養成できるようにしました。

⑥語彙に対するこだわり
　語彙については，語句リストを掲載することで対応しました。語句リストの訳語には，基本的に本文で用いられている意味を中心に掲載しました。

⑦速読に対するこだわり
　すべての英文には「論理チャート」をつけ，パラグラフごとにどのような展開になっているかを視覚的に見ることができるようにしました。また設問に関わる空所や下線などをすべて取り去った英文全文を別に掲載することによって，復習時に速読トレーニングがスムーズにできるようにしました。

本書の使い方

1　制限時間を意識して問題を解く

　本書は問題を制限時間内にどのように解くかを実戦的に体感する本です。みなさんも，制限時間を意識して問題を解いてください。また，内容理解を深めるためにどの問題にも「100字要約」の解答をつけてあります。みなさんの受験する大学に要約問題が出題される場合には，問題を解いた後にチャレンジしてみましょう。

2　問題の解説を読み採点する

　すべての問題を50点満点のテストだと考えてください。解答を作成したら自分の答案を客観的に見つめ，採点基準に従って採点してみましょう。合格点は70％，すなわち35点，目標点は80％，すなわち40点です。

3　特に間違った問題は重点的に解説を読みチェックする

　本書は問題を解くトレーニングを行うことが最大の目的です。問題を解くポイントはどこにあるのかを理解し，それを次の長文問題に活用していくことが最も重要です。

4　知らない単語については語句リストでチェックし暗記する

　本書は語彙に徹底的にこだわっています。語句リストは本書専用の単語集・熟語集だと思ってください。もし，語彙力に不安のある人がいれば，語句リストをまず覚えてから問題にトライしても構いません。ただし，学習後には必ず覚える習慣をつけて，生きた語彙を増やしていってください。

5　「論理チャート」でパラグラフごとの論理展開を確認する

　本書のすべての問題には「論理チャート」がついています。「論理チャート」はパラグラフごとの論理展開を明示したもので，パラグラフごとの内容を確認し，その相互関係をチェックするという，「パラグラフリーディング」の基本習慣を身につけるために有効なものですので，積極的に学習に採り入れていきましょう。

＊「パラグラフリーディング」に興味のある人は，『英語長文読解の王道　パラグラフリーディングのストラテジー　①読み方・解き方編』（河合出版）をお薦めします。論理的な読み方・解き方の学習が可能です。

6 空所や下線のない生の英文を読み，できれば音読することで，英文のリズムを感じ取り速読演習を行う

最終的には，問題の付いていない生の英文で，速読のトレーニングを行いましょう。そこでは語句リストに掲載している，覚えるべき語句が太字になっていますので，速読力が増すだけでなく，文脈の中で効率よく語彙を増やせます。

7 一度全部解き終わったら，語句リストで語彙を増やして再度チャレンジする

本書は，何度も読み，何度も解くにふさわしい素材と設問のオンパレードです。決して一度解いただけで終わらせずに，時間をおいて再度チャレンジしてみてください。語句リストを覚えてから再チャレンジすると，語彙面でつまることなく，問題の解き方にしっかりと焦点を当てて読み進めることができます。この２回目のチャレンジで解き方はかなり定着しますので，是非とも「全問再チャレンジ」にトライしてみてください。

8 直前期には自分の受ける大学の問題形式や苦手な問題形式に合わせて解くことも可能

本書は，１つの問題に主要な設問形式がバランス良く含まれていますから，解答作成力を偏りなく身につけることができます。さらに，直前期に本書を利用する場合には，皆さんの志望する大学の傾向や自分の苦手な問題に合わせて，解く問題を決めることもできます。それを容易にするため，客観式（マーク式）の設問を前半に，記述式の設問を後半に固めてあります。例えば，「自分の受ける大学はすべて客観式の設問で，記述問題は出題されない」ということになれば，記述問題は外して解くといった使い方も可能です。

本書はこれ以外にも，皆さんの志望大学，皆さん自身の英語力，また使う時期などによって，様々な使い方ができるように作成されています。皆さんの方でもいろいろと工夫をして，自分に最もあった効果的な使い方を考えてみてください。

■解説中の略号・記号について■
S：主語（従属節の場合はS′）　　V：動詞（従属節の場合はV′）
O：目的語（従属節の場合はO′）　C：補語（従属節の場合はC′）
[ ]：名詞句・名詞節　　（ ）：形容詞句・形容詞節　　＜ ＞：副詞句・副詞節

目次

1	(244words) ……………………………………………………	8
2	(292words) ……………………………………………………	15
3	(300words) ……………………………………………………	23
4	(317words) ……………………………………………………	30
5	(344words) ……………………………………………………	37
6	(363words) ……………………………………………………	45
7	(375words) ……………………………………………………	52
8	(377words) ……………………………………………………	60
9	(380words) ……………………………………………………	69
10	(381words) ……………………………………………………	77
11	(414words) ……………………………………………………	84
12	(420words) ……………………………………………………	92
13	(431words) ……………………………………………………	102
14	(461woeds) ……………………………………………………	110
15	(473words) ……………………………………………………	118
16	(520words) ……………………………………………………	129
論理マーカー一覧	……………………………………………………	139

◆本書に収録した問題は，次の大学の入試問題をもとに，改題したものです。
　愛知学院大学　大阪学院大学　大阪電気通信大学　京都産業大学
　近畿大学　国士舘大学　崇城大学　帝塚山大学　東京国際大学
　広島経済大学　法政大学　宮崎産業経営大学　明海大学

1

■解答■

問1　(A) ウ　　(B) ア　　問2　ウ　　問3　イ・エ

問4　私が知っているいくつかの大都市のレストランの入り口あたりに靴を脱ぎっぱなしにしておいたとしたら，二度と再びその靴に会うことはないだろう。

問5　私の靴は日本料理屋の入り口の棚にまだあったということ。(27字)

（別解）私の靴は入り口のそばにある棚にまだあったということ。(26字)

配点と採点基準　50点満点

問1　（5点×2＝10点）
問2　（5点）
問3　（6点×2＝12点）
問4　(13点)
- 全体が仮定法過去の英文だとわかっていない⇨−4点
- If you left them by the front door in some big-city restaurants I know が副詞節，you might never see them again が主節とわかっていない⇨−6点
- I know が some big-city restaurants を修飾する関係代名詞節だとわかっていない⇨−4点
- 2つの them が shoes を受けていることがわかっていない⇨−4点
- その他，単語の訳出ミス⇨各−2点

問5　(10点)
- They は my shoes を指し，were のあとに，前文の still there が省略されていることがわかっていることが前提。それが根本的にわかっていないものには点を与えない。
- 「私の靴」が抜けている⇨−5点
- 「（日本料理屋の）入り口（そば）の棚に」が書かれていない。すなわち単に「そこに」などと済まされている⇨−5点

■**解説**■

問1

(A)

　　空所の後に完全な文が続いているので前置詞のアやイは選べない。イのforは文と文をつなぐ接続詞用法もあるが、その場合 'SV ..., for SV〜' という形で「SV…、というのはSV〜だから」という意味になるので、この場合明らかに不適切。正解はウかエということになるが、空所以下の節が動詞wonderの目的語になっていることに注意しよう。wonderは **'wonder if SV...'** または **'wonder whether SV...' の形で「SV…かなあと思う」という意味を表す**。したがって正解はウである。エのthatを入れて 'wonder that SV...' とした場合、「SV…だということに驚く」という意味になり、この場合不適切。

(B)

選択肢訳

ア「しかし」　イ「というのは…だから」　ウ「にもかかわらず」　エ「だから」

　　まず空所が完全な文と完全な文をつないでいることに注意。したがって空所には接続詞が入る。ウのnonethelessは副詞なので文と文をつなげない。文と文をつなげるのはア・イ・エである。次に空所の前後の論理関係を見てみよう。空所の前の英文はThey were not particularly expensive shoes「特に高価な靴ではなかった」で、空所の後の英文はthe possibility that ... me a lot.「誰かに盗まれて、ホテルまで靴下で帰らなければならない羽目になりはしまいかという可能性に私は大いに悩まされた」となっている。「高価な靴ではない」という内容と、「盗まれるかもしれない」という内容は明らかに逆接関係にあるので、正解はアとなる。アは、**'SV..., but SV〜' で「SV…だがSV〜」という意味を表し、butの前後の英文の内容は逆接関係になる**。イは 'SV..., for SV〜' で「SV…、というのはSV〜だから」という意味を表し、for以下の英文が前の英文の理由となり、不正解。エは、'SV..., so SV〜' で「SV…、だからSV〜」という意味を表し、soの前の英文が理由、後の英文が結果という関係になるので不正解。

　　なおthe possibilityのあとのandによって並列されたthat someone

might steal them と that I would ... in my socks の2つの that 節は同格節と呼ばれ，前の名詞（the possibility）の具体的内容説明になっており，the possibility が S，bothered が V，me が O という文構造も押さえておこう。

問2

選択肢訳
ア「…をはく」　イ「…を磨き上げる」　ウ「…を脱ぐ」　エ「…をはきつぶす」

　　下線部となっている shed は「…を脱ぐ」という意味なので，正解はウ。もし shed の意味がわからなければ，文脈から類推することが可能である。**¶2第③文の however「しかしながら」に着目しよう。これは逆接を表す論理マーカーであるから，¶2第③文と，その直前の¶2第②文は逆接関係になるはず。**その2文の内容を見てみると，第②文が To you, removing ... part of tradition.「日本人にとっては，靴を脱ぐというのは清潔さと謙遜に関係しており，しきたりの重要な一部である」という意味，第③文が To Westerners, however, having to (1)shed shoes can sometimes be risky.「しかしながら西洋人にとっては，靴を(1)shed しなければならないというのは，危険をともなう場合がある」という意味である。(1)shed を第②文にある remove「…を脱ぐ」と同じ意味だと考えると第②文および第③文が「日本人にとっては，靴を脱ぐというのは清潔さと謙遜に関係しており，しきたりの重要な一部である。しかしながら西洋人にとっては，靴を脱がなければならないというのは，危険をともなう場合がある」となって，「靴を脱ぐ」という行為が日本人にとってはプラスイメージ，西洋人にとってはマイナスイメージを表すことになり，第②文と第③文がちょうど逆接関係になる。したがって正解は「…を脱ぐ」という意味のウ．take off ということになる。

問3

ア「筆者は，ニューヨークの日本料理屋に入ったとき，靴を脱ぐことにとまどいを感じた」（○）

　　¶1第①文に，A few years ago, ... about my shoes.「数年前，ニューヨーク市にいた頃，私は友人に伝統的な日本料理屋に連れて行ってもらい，

そこでその夜はずっと自分の靴を心配して過ごすこととなった」とあるのに一致する。

イ「筆者は，なぜ日本人は靴を脱ぐ習慣があるのか理解できない」（×）

　　筆者は¶2第②文でTo you, removing ... part of tradition.「日本人にとっては，靴を脱ぐというのは清潔さと謙遜に関係しており，しきたりの重要な一部である」という説を述べているので，この選択肢は本文に一致しない。したがってこれが正解。

ウ「筆者の靴は特に高級なものではない」（○）

　　¶1第③文にThey were not particularly expensive shoes「特に高価な靴ではなかった」とあるのに一致する。

エ「筆者は，どのレストランでもすぐにトイレに行きたがる」（×）

　　¶3第①文にAnyway, while in ... were still there.「ともかくその料理屋にいる間中，私はトイレに行くと言い訳をすることとなった。私の靴がまだそこにあるかを確かめるためだけに」とある。本当にトイレに行きたかったわけではなく，行くふりをしていただけである。したがって本文に一致しないので，これが正解。

オ「筆者の友人は，自分の靴の方が良さそうだから筆者の靴は盗まれないよ，と冗談めかして言った」（○）

　　¶3第③文に"If a man ... shoes are better !"「『もし誰かが靴を1足盗みたいと思ったら，きっと君のじゃなくて僕のを盗むさ。僕の靴の方が上等だからね』と私の友人は冗談を言った」とあるのに一致する。

カ「筆者が靴を脱ぎたくなかった本当の理由は，片方の靴下に大きな穴が空いていたからである」（○）

　　¶4第②文にWhat really bothered ... in my sock.「その晩靴を脱がなければならないことで私を本当に悩ませていたのは次のようなことだったのだ。つまり私たちはマンハッタンのど真ん中の高級日本料理屋にいたわけだが，私の片方の靴下には大きな穴が空いていたのであった」とあるのに一致する。

問 4

構造分析

<**If** you left them < by the front door (in some big-city restaurants
   S′ V′ O′
(I know))>>, **you might never see them again.**
S″ V″   S   V O

- If you left them by the front door in some big-city restaurants I know が副詞節，you might never see them again が主節。
- 接続詞の if からはじまる条件節内で left という過去形が用いられていること，帰結節である主節では，might ... see という＜助動詞の過去形＋動詞の原形＞の形になっているので，仮定法過去の文であると見抜く。**仮定法過去の文は，見た目は過去の文であるように見えるが，現在もしくは未来の事柄を表していることに注意**。ここでも訳は「もし…すれば，〜かもしれない」となり，「もし…したら，〜かもしれなかった」とならないことに注意しよう。
- 副詞節における leave は，ここでは「…を置いて立ち去る，…を置いて行く，…を置きっぱなしにする」という意味の他動詞。
- I know は関係代名詞節で，some big-city restaurants が先行詞。restaurants と I の間に目的格の関係代名詞 which [that] が省略されている。
- 2つの them は shoes を受けている。

問 5

　まず下線部(い)の They were は，直前の just so I ... were still there「私の靴がまだそこにあるかを確かめるためだけに」の my shoes were still there を受けていると気づくことがポイント。すなわち **They は my shoes を受け，were の後に still there が省略されていることを解答に示せばよい**。ただし，there は指示語なので，さらにその指示内容を探し出し there に代入した上で解答したい。靴が置かれている場所，すなわち there の指示内容は，¶1 第②文に The manager had ... the front door「店長さんが靴を入り口のそばの棚に入れてくれた」とあることから，in a rack by the front door「入り口そばの棚に」だと考えられる。以上のことをふまえた上で25字程度で解答を作ると「私の靴は日本料理屋の入り口の棚にまだあったということ。(27字)」となる。なお今回の there は in a rack by the front door を指してい

ることがわかっていれば，それで解答としては十分であるので，「日本料理屋」という情報の入っていない「私の靴は入り口のそばにある棚にまだあったということ。（26字）」としても正解とする。

■全訳■

¶1 ①数年前，ニューヨーク市にいた頃，私は友人に伝統的な日本料理屋に連れて行ってもらい，そこでその晩ずっと自分の靴を心配して過ごすこととなった。②店長さんが靴を入り口そばの棚に入れてくれたのだが，私はその靴が帰る時にもまだそこにちゃんとあるだろうか不安だった。③特に高価な靴ではなかったが，誰かに盗まれて，ホテルまで靴下で帰らなければならない羽目になりはしまいかという可能性に私は大いに悩まされた。

¶2 ①あなたが日本人なら，こんな風に悩むことなど断じてなかっただろう。②日本人にとっては，靴を脱ぐというのは清潔さと謙遜に関係しており，しきたりの重要な一部である。③しかしながら西洋人にとっては，靴を脱がなければならないというのは，危険をともなう場合がある。④<u>ぁ私が知っているいくつかの大都市のレストランの入り口あたりに靴を脱ぎっぱなしにしておいたとしたら，二度と再びその靴に会うことはないだろう。</u>

¶3 ①ともかくその料理屋にいる間中，私は何度もトイレに行くと言い訳をすることとなった。私の靴がまだそこにあるかを確かめるためだけに。②もちろん靴はあった。③「もし誰かが靴を1足盗みたいと思ったら，きっと君のじゃなくて僕のを盗むさ。僕の靴の方が上等だからね」と私の友人は冗談を言った。

¶4 ①そこで私は真実を告白した。②その晩靴を脱がなければならないことで私を本当に悩ませていたのは次のようなことだったのだ。つまり私たちはマンハッタンのど真ん中の高級日本料理屋にいたわけだが，私の片方の靴下には大きな穴が空いていたのであった。

■論理チャート■

¶1 日本料理屋で靴を脱いで，それがなくなりはしまいかと不安に思った
¶2 日本人：靴を脱ぐのは清潔さと謙遜に関連したしきたりの一部
　　　　⇕　しかしながら（逆接）
　　　西洋人：靴を脱ぎっぱなしにしておいたとしたら盗まれると考える
¶3 何度もトイレに立つふりをして，靴がまだあるか確認
¶4 靴を脱ぐのが嫌だった本当の理由は，靴下に大きな穴が空いていたから

■100字要約■

日本料理屋で靴を脱いで上がった後、盗まれてはいないかとずっと不安だった。西洋ではそんなことをすると盗まれるからだ。しかし靴を脱ぐのが嫌だった本当の理由は、私の靴下に大きな穴が空いていたからだった。(98字)

■語句リスト■

¶ 1
- □traditional 伝統的な
- □spend O *doing* …してOを過ごす
- □entire 全体の
- □worry about A Aについて心配する
- □manager 管理人，支配人
- □rack 棚
- □particularly 特に
- □expensive 高価な
- □possibility 可能性
- □steal …を盗む
- □sock 靴下
- □bother …を悩ます

¶ 2
- □definitely 明確に，確実に
- □suffer 苦しむ，悩む
- □remove …を脱ぐ，…を取り除く
- □have to do with A Aと関係がある
- □cleanliness 清潔，きれい好き
- □humility 謙遜
- □tradition 伝統
- □shed …を脱ぐ，…をこぼす
- □risky 危険な

¶ 3
- □anyway ともかく
- □several いくつかの
- □excuse 言い訳
- □washroom お手洗い，トイレ
- □joke 冗談で…と言う
- □certainly 確かに，きっと

¶ 4
- □confess …を告白する
- □take off O / take O off Oを脱ぐ
- □heart 中心
- □huge 巨大な

▶問題は別冊 p.4

2

■解答■

問1　(A)　エ　　(B)　ウ　　　問2　エ　　　問3　ア
問4　1　エ　　2　エ　　3　ウ　　　問5　ア
問6　カエルは特殊な種類の皮膚をしており，汚染物質が体内に入りやすいという理由。(37字)
問7　科学者たちは，深刻な健康上の問題を抱えたカエルが増えていることを確信しているが，カエルがこのような問題を抱えている理由に関しては意見が一致していない。

配点と採点基準　50点満点

問1　（4点×2＝8点）
問2　（4点）
問3　（4点）
問4　（4点×3＝12点）
問5　（4点）
問6　（8点）
　・「特殊な皮膚をしている」という点が欠けている⇨－4点
　・「汚染物質が体内に入りやすい」という点が欠けている⇨－4点
問7　（10点）
　・Although が導く副詞節が health problems までで，they can't agree on why frogs have these problems が主節だとわかっていない⇨－4点
　・be sure that SV...「SV…だということを確信している」がわかっていない⇨－2点
　・more and more frogs have ...「ますます多くのカエルが…を抱えている，…を抱えるカエルが増えている」の'比較級 and 比較級'がわかっていない⇨－2点
　・agree on A「Aに関して同意する，Aについて意見が一致する」がわかっていない⇨－2点
　・why frogs have these problems「なぜカエルがこうした問題を抱えているか，カエルがこうした問題を抱えている理由」が訳せていない⇨－2点
　・その他，単語の訳出ミス⇨各－1点

■解説■

問1

(A)

　　まず空所を含む英文の文型を確認しよう。**the newspapers が S，空所が V，us が O，that every year … are becoming smaller が O の第4文型である。選択肢の中でその文型を取ることができるのはエ．tell しかない**。ア．speak は「言語・言葉」を表す名詞を O に取る以外は，原則として自動詞。ウ．talk も「言う，話す」の意味では原則として自動詞なので O を取らない。イ．say は他動詞で，伝達内容を O に取り，say that S V「S V…と言う」などの第3文型を取ることはできるが，伝達相手の「人」を目的語に取って say O that S V…「O(人)に S V…と言う」という第4文型を取ることができない。伝達相手の「人」の前に前置詞 to を置いて，say to A that S V…「A(人)に S V…と言う」という形なら可。

(B)

　　前文の¶5第②文の S である Some scientists に着目。**'Some …. Others ～.' で「…する人もいれば，～する人もいる」という意味を表す。ウ．Others が正解**。Others は「別の人たち」の意味で，複数扱いの代名詞。ここでは other scientists「別の科学者たち」のこと。単独で動詞 (say) の主語になれる。ア．Another は代名詞として単独で主語になれるが，「もう一人」の意味で，単数扱いなので，呼応する動詞は say ではなく says となるはず。エ．the other は「(2人のうちの)もう一方の人」の意味の代名詞として主語になれるが，これも単数扱いなので，呼応する動詞は say ではなく says となるはず。イ．Other は「他の」という意味の形容詞で，これだけでは主語にはなれない。'other＋複数名詞／the other＋単数名詞' という形で用いるのが原則。

問2

選択肢訳

ア「動物」　イ「影響」　ウ「汚染」　エ「問題」

　　下線部を含む it is certainly an important (1)one という英文が，Pollution's effect on animals is not a very well-known problem という英文と，

逆接の論理マーカー but でつながれている点に着目。it が Pollution's effect on animals「汚染が動物に及ぼす影響」を指し，one は problem を受けていると考えると，it is certainly an important one が「汚染が動物に及ぼす影響が重大な問題であることは確かである」という意味になって，but の前の Pollution's effect on animals is not a very well-known problem「汚染が動物に及ぼす影響はあまりよく知られた問題ではない」という英文と明確な逆接関係になり，文意が通る。したがって one が表すものは，エ．problem である。

問3

選択肢訳

ア「余分な」 イ「裸の」 ウ「短い」 エ「ケガをした」

extra は「余分な」という意味の形容詞。ア．additional が最も近い。後の¶2第⑤文にも extra が用いられており，その Some have extra eyes on their backs or on their throats.「背中や喉の部分に extra な目があるものもいる」という英文の「（本来目がある場所ではない）背中や喉の部分に」という文脈からも「余分な」という意味が推測できたのではないだろうか。

問4

1　深刻な問題を抱えたカエルが最初に発見されたのは，＿＿＿＿によってであった。

ア「アメリカのミネソタ州の科学者たち」（×）
イ「池で泳いでいる学童たち」（×）
ウ「カナダ，デンマーク，中国，日本の人々」（×）
エ「池で自然を学んでいた学童たち」（○）

¶3第①・②文 The first frogs … strange-looking frogs there.「こうした問題を抱えたカエルが最初に発見されたのは，1995年アメリカのミネソタ州で，何人かの学童たちによってであった。子どもたちは，自然を学ぶために近くの池に出向いており，そこで多くの奇妙な姿をしたカエルに出会った」の内容からエが正解。

2 　筆者が，この文章の中でカナダ，デンマーク，中国，日本について言及しているのは，_____ということを示すためである。
ア 「カエルは寒い国では病気になることが多い」（×）
イ 「多くの国で地球温暖化が進んでいる」（×）
ウ 「多くの国で学童たちは自然を学んでいる」（×）
エ 「こうした問題を抱えている国はアメリカだけではない」（○）

　　¶3 第④文に Since that time, ... China, and Japan.「それ以来，カナダ，デンマーク，中国，日本でも奇妙な姿のカエルが発見されている」とある。つまり，「カナダ，デンマーク，中国，日本」は「奇妙な姿のカエルの問題を抱えた国」の例として挙げられている。したがってエが正解。

3 　本文によれば，この問題の原因を突き止めるために科学者が必要としているのは_____だ。
ア 「より多くのお金」（×）
イ 「深刻な健康問題を抱えたより多くのカエル」（×）
ウ 「より多くの時間」（○）
エ 「より多くの汚染」（×）

　　¶6 第②文に they believe that ... of the problem「この問題の原因を突き止めるには，まだあと5年ほど必要だと彼らは考えている」の内容からウが正解。

問5

選択肢訳

ア 「カエルの健康と人類に対するその意義」
イ 「奇妙な姿のカエルと地球温暖化の関係」
ウ 「池の汚染を引き起こすカエル」
エ 「生まれながらの病気に苦しむカエル」

　　本文全体にわたって池で発見された奇妙な姿をしたカエルの健康問題について書かれており，さらに¶4 第⑤文に by watching the ... animals, including humans「カエルの健康を観察することによって，私たちは，人間を含むカエル以外の動物の未来の健康状態を推測することができるの

だ」という表現もあることから，アが正解。¶1 第②文に the earth is becoming hotter「地球が温暖化しており」という表現はあるが，そのこととカエルの健康被害との関連についてはどこにも述べられていないのでイは不可。ウはカエルが汚染を引き起こしている元凶ということになり，本文の内容に合わない。エは¶5を参照。カエルの問題の原因は pollution「汚染」なのか natural diseases「生まれながらの病気」なのかまだわかっていないという内容が述べられている。したがってこの選択肢も不可。

問6

設問文の「カエルは水陸両方に生息し，多種多様な汚染物質を浴びる」という部分は，¶4 第①文の frogs live on land and in the water「カエルは陸上と水中の両方に生息する」の部分，および¶4 第②文の frogs meet with many different kinds of pollution「カエルは多種多様な汚染物質を浴びる」の部分に対応している。それをふまえて次の¶4 第③文を見てみよう。文頭に Also「また」とあり，これは追加を表す論理マーカーであるから，この後にもう一つの理由が述べられていると推測できる。したがって frogs have a special kind of skin, and it is easy for pollution to enter their bodies「カエルは特殊な種類の皮膚をしており，汚染物質が体内に入りやすい」の部分を40字以内にまとめればよいということになる。この第③文と，後の下線部㈰が，For this reason「この理由」という副詞句でつながれていることからも，第③文と下線部㈰が「理由⇒結果」の関係にあることがわかる。

問7

構造分析

＜**Although** scientists are sure [that more and more frogs have
             S′   V′   C′   S″   V″
serious health problems]＞, they can't agree ＜on [why frogs have
        O″   S   V   S′   V′
these problems]＞.
    O′

- 接続詞 Although「…だけれど」が導く副詞節は health problems まで。problems の後のカンマに注意。
- be sure that S V「S V…だと確信している」

- more and more「ますます多くの」
- serious health problem「深刻な健康上の問題」
- agree on A「Aに関して意見が一致する」これのAにあたるのが why frogs have these problems「カエルたちがこうした問題を抱えているのはなぜなのか／カエルたちがこのような問題を抱えている理由」という名詞節である。

■全訳■

¶1 ①今日，世界では環境問題が数多く発生している。②たとえば，年々地球が温暖化しており，世界で森林が減少していると新聞は報じている。

¶2 ①汚染が動物に及ぼす影響はあまりよく知られた問題ではないが，重大な問題であることは確かである。②最近の問題の1つは，生まれながらに脚が2本か3本しかないカエルの数である。③④余分な脚を持って生まれてくるものもいれば，目がないものもいる。⑤背中や喉の部分に余分な目があるものもいる。

¶3 ①こうした問題を抱えたカエルが最初に発見されたのは，1995年アメリカのミネソタ州で，何人かの学童たちによってであった。②子どもたちは，自然を学ぶために近くの池に出向いており，そこで多くの奇妙な姿をしたカエルに出会った。③実際，その池のカエルの3分の1が深刻な問題を抱えていた。④それ以来，カナダ，デンマーク，中国，日本でも奇妙な姿のカエルが発見されている。

¶4 ①カエルの健康を観察するのが重要であるのは，カエルは陸上と水中の両方に生息するからである。②そのせいで，カエルは多種多様な汚染物質を浴びる。③また，カエルは特殊な種類の皮膚をしており，汚染物質が体内に入りやすい。④この理由のため，カエルはすぐに病気になってしまう。⑤だから，カエルの健康を観察することによって，私たちは，人間を含むカエル以外の動物の未来の健康状態を推測することができるのだ。

¶5 ①科学者たちは，深刻な健康上の問題を抱えたカエルが増えていることを確信しているが，カエルがこのような問題を抱えている理由に関しては意見が一致していない。②③汚染のせいだと言う科学者もいれば，おそらくは生まれながらの病気のためであって，それゆえ人間のせいではないと言う科学者もいる。

¶6 ①世界中の科学者たちはこの問題を注意深く研究している。②しかしながら，この問題の原因を突き止めるには，まだあと5年ほど必要だと彼らは考えている。

■論理チャート■

¶1　今日，世界で環境問題が数多く発生
¶2　汚染が動物に及ぼす影響
　　：奇妙な姿のカエル（**具体例**）
¶3　最初にアメリカのミネソタ州で発見⇒カナダ，デンマーク，中国，日本でも発見
¶4　カエルの健康の観察によって，人間を含むカエル以外の動物の未来の健康状態を推測することが可能
¶5　カエルの健康問題の原因については科学者の意見一致せず
¶6　解明にはあと5年ほど必要

■100字要約■

汚染が動物に及ぼす影響は重要である。各地で発見されている奇妙な姿のカエルの問題は，それの観察が人間を含む動物の未来の健康の予測につながるので大切である。しかし現時点ではその原因の解明には至っていない。(100字)

■語句リスト■

¶1
☐**environmental**　環境の
☐**forest**　森林

¶2
☐**pollution**　汚染
☐**effect**　影響，結果
☐**recent**　最近の
☐**frog**　カエル
☐**leg**　脚
☐**extra**　余分な
☐**back**　背中
☐**throat**　喉

¶3
☐**nearby**　近くの
☐**pond**　池
☐**strange-looking**　奇妙な姿の
☐**in fact**　実際
☐**serious**　深刻な

¶4
☐**as a result**　その結果
☐**meet with A**　Aを経験する，Aを受ける
☐**skin**　皮膚
☐**guess at A**　Aを推測する
☐**including A**　Aを含めて

¶ 5
- **be sure that SV**　SV…を確信している
- **agree on A**　A に関して意見が一致する
- **probably**　おそらく
- **disease**　病気
- **therefore**　それゆえ
- **human beings**　人間

¶ 6
- **cause**　原因

3

▶問題は別冊 p.7

■解答■

問1　(A) イ　　(B) ウ　　問2　(1) ア　　(2) ウ
問3　イ　　問4　イ
問5　しかしながら，驚嘆すべきは，高齢者や中高年の人たちが自分たちより若い仲間と平等に競いたがることである。
問6　少なくとも55歳以上のアマチュアであること。（21字）
　（別解）55歳以上のアマチュアであること。（16字）

配点と採点基準　50点満点

問1　（5点×2＝10点）
問2　（5点×2＝10点）
問3　（5点）
問4　（5点）
問5　（12点）
　・What is amazing が S, is が V, that seniors … younger colleagues が C の構造をわかっていない⇨－5点
　・be eager to *do*「～したがる，～したいと思う，～する気十分である」がわかっていない⇨－3点
　・compete with A「A と競う」がわかっていない⇨－3点
　・その他，単語の訳出ミス⇨各－2点
問6　（8点）
　・「少なくとも55歳（55歳以上／最低55歳なども可）」というポイントと「アマチュア」というポイントの両方がそろって8点。どちらかが欠けていれば－4点。

■解説■

問1

(A)

　空所を含む¶1第③文は **The＋比較級…，the＋比較級～「…すればするほど，それだけますます～」** を用いた英文。空所には後続の you start「あなたが始める」を修飾する副詞の比較級が入る。ア．quicker，ウ．faster，エ．swifter はそれぞれ「より速く」という意味で，速度を表す副詞。イ．earlier のみ「より早く」という意味で，時期の早さを表す副詞。ここでは文脈上，イが適当。

(B)

　to a great extent「かなりの程度まで，大いに」（＝to a large extent) は知っておくべき表現。一緒に to some[a certain] extent[degree]「ある程度まで」も覚えておこう。

問2

(1)

選択肢訳

ア「私たちはいかに高齢であろうとも」　イ「私たちが若い間に」
ウ「私たちは年をとるので」　　　　　　エ「私たちが引退する前に」

　no matter what age we are は「私たちが何歳であろうとも」という意味。近い意味を表すのはアである。**however＋形容詞[副詞]＋S′＋V′で「いかに…S′V′であろうとも」という意味。** however old we are で「私たちがいかに高齢であろうとも」という意味になる。またこの選択肢は no matter how old we are とも表現できることをおさえておこう。

(2)

選択肢訳

ア「競技，コンテスト」　イ「ダンス」　**ウ「競争相手，敵」**　エ「犠牲者」

　下線部を含む¶4第⑤文の the younger and tougher the competition is, the sweeter the victory! は The＋比較級…，the＋比較級～「…すればするほど，それだけますます～」を用いた英文。前半の文は the competition is young and tough「the competition は若くて手ごわい」が前提となっている。つまり the competition が S, is が V, young and tough が C という文型である。**young and tough「若くて手ごわい」という補語に文脈上つながる主語となれば，選択肢の中ではウ「競争相手，敵」しかない**。なお後半の文は the victory のあとに is が省略されており，the victory が S, is が V, the sweeter が C である。competition にはア「競技，コンテスト」の意味もある。しかしこのような問題では，単語の知識プラス，その単語が用いられている前後関係，すなわち文脈も考慮することが大切。

問 3

ア「規則正しい運動をしておけば，年老いても体力が衰えることはまったくない」（×）

¶ 2 第①文に No one can ... as we age.「規則的に運動しても，肉体は年齢を重ねるにつれ必然的に多少は衰えていく，というのは否定できない」とあることから不適切。

イ「高齢でも，精力的で活力があるため厳しい競技に挑戦する人がいる」（○）

¶ 3 第④文 They are clamoring ... a real challenge.「彼らが厳しい競技をしきりに求めるのは，彼らが非常に精力的で活力に満ちているため，本物の挑戦を求めるからである」の内容に一致する。

ウ「規則的な運動を通じて体力を上げるには，体力が衰えるより 6 倍の年月がかかる」（×）

¶ 2 第②文に it takes about ... regular physical activity.「規則的に体を動かすことで運動能力を上げるのにたったの 1 年しかかからないのに対して，その能力が衰えるのにはおよそ 6 年かかる」とある。「運動能力をあげる」のに 1 年，「能力が衰えるのに」6 年かかるわけだから，選択肢の「6 倍」の箇所が不適。「6 分の 1」が正しい。

エ「高齢者どうしが競いあうトーナメントよりも，高齢者と中年が競いあうトーナメントの方が一般的である」（×）

「高齢者どうしが競いあうトーナメント」と「高齢者と中年が競いあうトーナメント」の普及に関して比較する記述は本文中のどこにもない。

問 4

選択肢訳

ア「若者にとっての厳しいスポーツ」　イ「終世の健康のための終世の運動」
ウ「闘争心の浮き沈み」　　　　　　エ「身体能力の低下」

　　本文のテーマは¶1で示されており，最終¶5の結論部分でほぼ同じ主張が繰り返されている（**論理チャート**参照）。その内容に合致する選択肢はイしかない。

問 5

構造分析

[What is amazing], however, is [that seniors and middle-aged
　S　S'　V'　　C'　　　　　　　　　　V　C　　S'₁
people are eager <to compete equally <with their younger
　S'₂　　V'　　C'
colleagues>>]!

- What is amazing が S, is が V, that seniors ... younger colleagues が C である。S と V の間に「しかしながら」という意味の副詞 however が挿入されている。この however は，このように文中に挿入されていても，和訳では最初に訳すよう心がけよう。
- what は「こと，もの」という意味の先行詞を含む関係代名詞。what is amazing で「驚嘆すべきこと」という意味になる。
- that は名詞節を導く接続詞。
- seniors は「高齢者」という意味の名詞で，この seniors と middle aged people という 2 つの名詞句が and によってつながれ，ともに are の主語として働いている。
- be eager to *do*「…したがる」
- compete with A「A と競う」。この A にあたるのが their younger colleagues「自分たちより若い仲間」their は seniors and middle-aged people「高齢者や中高年の人たち」を指す。

問6

　　下線部(い)の直後の¶4第②文に All participants must ... 55 years old.「参加者はすべて少なくとも55歳のアマチュアでなければならない」とある。ここをまとめればよい。

■全訳■

¶1　①もし老後を楽しみたければ，あなたにできる最良のことの1つは，まだ若い時に身体を積極的に動かしておくことである。②たくさん運動しておくのは，銀行に預金しておくようなものだ。③始めるのが早ければ早いほど，それだけ後の人生で豊かな生活を送ることができる。④さらにまた，運動を規則的な習慣にすることは，気持ちの持ち方ややる気を向上させる。⑤だから，何歳であろうとも，幸福で活動的な人生を楽しむため，今運動を始めよう。

¶2　①規則的に運動しても，肉体は年齢を重ねるにつれ必然的に多少は衰えていく，というのは否定できない。②しかし，規則的に体を動かすことで運動能力を上げるのにたった1年しかかからないのに対して，その能力が衰えるのにはおよそ6年かかる。③40歳より前に運動し始めた人は，年をとってもかなり体力を維持できると，スポーツ医学の専門家は強く主張する。

¶3　①今日多くの高齢者がスポーツを続けている。②高齢者が互いに挑みあうトーナメントや競技会がごく普通にある。③(あ)しかしながら，驚嘆すべきは，高齢者や中高年の人たちが自分たちより若い仲間と平等に競いたがることである。④彼らが厳しい競技をしきりに求めるのは，彼らが非常に精力的で活力に満ちているため，本物の挑戦を求めるからである。

¶4　①良い例が「グランドシニア選手権」というダンサーのための競技会である。②参加者はすべて少なくとも55歳以上のアマチュアでなければならない。③その選手権はもともと，ダンスは単に楽しかったり，少々健康に良かったりする以上のものになりうると考えた，引退したダンサーたちによって設立されたものであった。④ある70歳のダンサーは，50歳代のダンサーに負けるのが嫌だと認めている。⑤言い換えれば，競争相手が若くて手ごわい者であればあるほど，その勝利はそれだけ一層満足のいくものになるのだ。

¶5　①スポーツや運動は，日本の多くの中高年者や高齢者の生活においてますます重要になっていることは明らかだ。

■論理チャート■

¶1　老後を楽しむために今運動しよう（**テーマ**）
¶2　運動の重要性を示す具体的データ
　　　⇩
¶3　厳しい競技会に挑戦する高齢者たち
　　＝自分たちより若い仲間と平等に競い合う
¶4　「グランドシニア選手権」というダンス競技会（**具体例**）
　　　⇩
¶5　高齢者においてスポーツや運動は重要（**結論**）

■100字要約■

老後を楽しみ幸福で活動的な人生を送るために，今運動を始めよう。今日スポーツで自分たちより若い仲間と対等に競っている高齢者が大勢いる。運動は中高年，高齢者の生活においてますます重要性を増しているのだ。(99字)

■語句リスト■

¶1
- □ **golden years**　老年
- □ **active**　活動的な
- □ **plenty of A**　たくさんのA
- □ **exercise**　運動／運動する
- □ **better off**　いっそう豊かな

- □ **habit**　習慣
- □ **improve**　…を改善する
- □ **mental**　精神の
- □ **outlook**　態度，見通し
- □ **motivation**　動機づけ，やる気

¶2
- □ **deny**　…を否定する
- □ **inevitably**　必然的に
- □ **slow down**　遅くなる，衰える
- □ **somewhat**　いくぶん
- □ **age**　年をとる
- □ **motor ability**　運動能力
- □ **lessen**　下がる
- □ **as opposed to A**　Aと対照的に

- □ **raise**　…を上げる
- □ **physical**　身体の
- □ **expert**　専門家
- □ **medicine**　医学
- □ **stress**　…を強調する
- □ **maintain**　…を維持する
- □ **strength**　力
- □ **extent**　程度

¶3
- senior 年長者
- continue to *do* …し続ける
- tournament トーナメント, 選手権争奪戦
- competition 競技 (会), 競争, 競争相手
- challenge …に挑む
- one another お互い
- common よくある, 一般的な
- amazing 驚嘆すべき
- middle-aged 中高年の
- be eager to *do* …したいと思う
- compete 競う
- equally 平等に
- colleague 仲間, 同僚
- clamor for A　A をやかましく要求する
- tough 難しい
- energetic 精力的な
- dynamic 活動的な

¶4
- participant 参加者
- amateur アマチュア, しろうと
- at least 少なくとも
- championship 選手権
- initially 初めは
- establish …を設立する
- retired 引退した
- pleasant 楽しい
- mildly すこし, 穏やかに
- healthful 健康によい
- admit …を認める
- lose 負ける
- in other words 言い換えれば
- victory 勝利

¶5
- clearly 明らかに
- increasingly ますます
- aging 年老いた

▶問題は別冊 p.10

4

■解答■

問1	(A) エ　　(B) イ　　問2　(1) ウ　　(2) ア
問3	1　ア　　2　イ　　3　イ　　問4　エ
問5	ストレスは自動車事故や心臓発作やアルコール中毒の原因となることがあり，人が自殺する原因にさえなることがある。
問6	仕事を家に持ち帰ったり，友人との晩を楽しむことができなかったり，外で散歩する時間がなかったりする時。(50字)

配点と採点基準　50点満点

問1　(4点×2＝8点)
問2　(4点×2＝8点)
問3　(4点×3＝12点)
問4　(4点)
問5　(10点)
- Stress が S，can cause が V，car accidents, heart attacks and alcoholism が O であることがわかっていない⇨－4点
- may cause が V で，その S は文頭の Stress であることがわかっていない⇨－4点
- cause people to kill themselves「人々に自殺させる，人々が自殺する原因となる」における cause O to do「O に…させる，O が…する原因となる」がわかっていない⇨－2点
- car accidents「自動車事故」，heart attacks「心臓発作，心臓マヒ」，alcoholism「アルコール中毒，アルコール依存症」，kill themselves「自殺する」などの語句の誤訳⇨各－1点

問6　(8点)
- ¶4第③文の When you're taking work home, when you can't enjoy an evening with friends, when you don't have time to take a walk outside の部分が答えとわかっていないものには点を与えない。
- 「仕事を家に持ち帰っている」「友人との晩を楽しめない」「外で散歩する時間がない」の3つのポイントがすべて入って6点。どれか1つ欠けるごとに－2点。
- 文末が「〜時。」で終わっていない⇨－2点

■解説■

問1

(A)

選択肢訳

ア「…を助けている」　　イ「…を喜ばせている」
ウ「…を満足させている」　エ「…をわずらわせている」

　空所を含む英文は「私たちがおびえたり，不安を抱えたりすると，私たちを（　A　）ものと私たちが戦うのを助けるために，私たちの体はある種の化学物質を生み出す」という意味。**what is（　A　）us は「私たちがおびえたり，不安を抱えたりするとき」に「戦う」対象となるものであるから，私たちにとってマイナスイメージのもののはず**。そのような意味になるものはエ．troubling「…をわずらわせている」しかない。他の選択肢はすべてプラスイメージの意味なので文脈に合わない。

(B)

　suffer from A で「A（病気など）に苦しむ」という意味になる。正解はイの from。

問2

(1)

選択肢訳

ア「協力」　イ「正直さ」　**ウ「競争」**　エ「息抜き」

　competition は「競争」という意味。ウの rivalry が正解。rivalry は rival「競争相手，ライバル」からの類推で，「競争」という意味であると推測するとよい。また competition for job が overcrowding in large cities「大都市の人ごみ」，traffic jams「交通渋滞」，uncertainty about the future「将来に関する不安」，any big change in our lives「生活における大きな変化」などの**ストレスの元となるマイナスイメージのものと並列されている**点もヒントになる。つまり，選択肢から最もストレスの原因になりそうなものを選べば，やはり解答はウとなる。

(2)

> 選択肢訳

ア「不景気」　イ「病気」　ウ「繁栄」　エ「戦争」

　　economic crisis は「経済の危機」という意味であり、それに最も近い選択肢はアとなる。下線部を含む文では、「自殺者が増えている」と述べられているので、たとえ crisis を知らなくても、economic、すなわち経済に関わる内容で、自殺が増える原因となりそうなものを選べば、アが解答ではないかと推測できる。下線部の単語がたとえわからなくても、前後関係を利用してなんとか正解に迫っていくことが重要だ。

問3

1　ストレスはどのように味方になりうるか。
　ア「ストレスはあなたに生き方を変えるように警告してくれることがある」（○）
　イ「ストレスのためにあなたはたくさんの薬を飲む」（×）
　ウ「ストレスのためにあなたは食べる量が減る」（×）

　　¶1 第②文に Stress can be a friend or an enemy.「ストレスは味方にも敵にもなりうるものである」とあり、続いて第③文に It can warn ... way of life.「ストレスは、あなたに過度の重圧がかかっており、それゆえあなたは生き方を変えたほうがよいということをあなたに警告してくれることがある」とあり、この内容にアが一致する。

2　人間の体のうちストレスに最も影響を受けるのはどの部分か。
　ア「顔、腕、足、髪の毛」（×）
　イ「胃、心臓、頭、皮膚、背中」（○）
　ウ「脳、耳、歯、足首」（×）

　　¶2 第④文に The parts of ... head and back.「体の中でストレスに最も影響を受けやすい部分は、胃、心臓、皮膚、頭、そして背中である」とあることからイが正解。

3　ストレスが実際人の気分を悪くさせることがあるのはどのような時か。
　ア「ワクワクさせる本を読んでいる時」（×）
　イ「家や仕事を変える時」（○）

ウ「友人との晩を楽しんでいる時」(×)

¶3 第③文に If you have … due to stress.「最近の何ヵ月かに仕事を変えたり，引越しをしたりした場合，ストレスのために気分が悪くなる可能性がある」とあり，この内容にイが一致する。

問4

選択肢訳

ア「化学物質について」　イ「味方について」
ウ「病気について」　　　エ「ストレスについて」

アの chemicals も，ウの illness も，stress との関連で述べられている。つまり両方とも stress に起因するものである（**論理チャート**参照）。イの friends に関しては，¶1 第②文 Stress can be a friend or an enemy.「ストレスは味方にも敵にもなりうるものである」に a friend という語句が出てくるが，これもストレスに関連して述べられている文脈において比喩的に使用された表現にすぎない。以上のことから本文全体のタイトルとしてはエが最も適当。

問5

構造分析

Stress can cause car accidents, heart attacks, and alcoholism and
　S　　V₁　　　　　　　　　O
may even cause people to kill themselves.
　　　　V₂　　　 O　　 C

- can cause と may cause が V で，ともに Stress が S。
- 最初の cause は cause O で「O を引き起こす，O の原因となる」という意味を表す。これの O にあたるのが car accidents, heart attacks, and alcoholism「自動車事故や心臓発作やアルコール中毒」である。
- 2つ目の cause は cause O to *do* で「O に…させる，O が…する原因となる」という意味を表す。これの O にあたるのが people「人々」，to *do* にあたるのが to kill themselves「自殺する」である。
- can はここでは「…することができる」ではなく，「…する可能性がある，…することがある」という意味。

- may はここでは「…してもよい」ではなく,「…するかもしれない,…することがある」という意味。
- even は「…でさえ」という意味の副詞で後の cause を修飾している。

問6

下線部(い)を含む ¶4 第③文に that is the … for your health「その時こそ,手を休めて自分の生き方が健康にとってよいものかどうかを自問すべき時なのだ」とある。この英文の that は ─(ダッシュ)の前の When you're taking … a walk outside「仕事を家に持ち帰ったり,友人との晩を楽しむことができなかったり,外で散歩する時間がなかったりする時」の内容を指しているから,この部分を50字以内にまとめればよい。

■全訳■

¶1 ①長期にわたって多大な心労を抱えて健康状態が良くないと,だれでもストレスから病気になるだろう。②ストレスは味方にも敵にもなりうるものである。③ストレスは,あなたに過度の重圧がかかっており,それゆえあなたは生き方を変えたほうがよいということをあなたに警告してくれることがある。④その警告の信号に気づかなければ,ストレスであなたは死んでしまうこともある。⑤西洋社会においてストレスはおそらく病気の単一の原因としては最大のものであるということに医者たちは同意している。

¶2 ①私たちがおびえたり,不安を抱えたりすると,私たちをわずらわせているものと私たちが戦うのを助けるために,私たちの体はある種の化学物質を生み出す。②あいにく,これらの化学物質は私たちが恐れるものからすばやく逃げるために必要なエネルギーを生み出すのであって,現代生活ではそれは不可能な場合が多い。③私たちはこれらの化学物質を使い切らないと,またはこれらの化学物質があまりにたくさん生じすぎると,それらは実際私たちに害を及ぼすかもしれない。④体の中でストレスに最も影響を受けやすい部分は,胃,心臓,皮膚,頭,そして背中である。⑤<u>(ぁ)ストレスは自動車事故や心臓発作やアルコール中毒の原因となることがあり,人が自殺する原因にさえなることがある。</u>

¶3 ①私たちは,生活環境や労働環境のせいでストレスに苦しむこともある。②大都市の人ごみ,交通渋滞,仕事を得るための競い合い,将来に関する不安,または生活におけるどんな大きな変化もストレスを引き起こす原因になることがある。③最近の何ヵ月かに仕事を変えたり,引越しをしたりした場合,ストレスのために気分が悪くなる可能性がある。④そして経済危機の時代には自殺する人が増える。

¶4 ①自分がいつストレスに苦しんでいるかをどうやって知るのだろうか。②非常に一般的な危険信号は,リラックスできないことである。③「仕事を家に持ち帰ったり,友人との晩を楽しむことができなかったり,外で散歩する時間がなかったりする

時があれば，その時こそ手を休めて自分の生き方が健康にとってよいものかどうかを自問すべき時なのだ」と，あるホームドクターが述べている。④「そして，今までより少しのんびりして，リラックスする方法を学ぶべき時なのだ」と。

■論理チャート■

¶1　ストレスから病気に
　　　　⇓
　　ストレスを警告と受け取るべき
¶2　ストレスが私たちの体に化学物質を生み出す
　　　　⇓
　　様々な害をもたらす場合がある
¶3　生活や仕事の状況のせいでストレスに苦しむことがある
¶4　ストレスに苦しんでいる時を教えてくれる危険信号
　　＝リラックスできないこと
　　　　⇓
　　自分の生き方が健康にとってよいものかどうかを自問し，のんびりしてリラックスの方法を学ぶべき

■100字要約■

生活や仕事などの状況から来るストレスが私たちに様々な害をもたらすことがあるが，私たちはそのストレスを警告と受け止め，リラックスできない時などには手を休めて自分の生き方を考え直してみるべきである。(97字)

■語句リスト■

¶1
- □stress　ストレス
- □experience　…を経験する
- □worry　心配
- □period　期間
- □enemy　敵
- □warn O that SV　OにSV…だと警告する
- □pressure　重圧
- □notice　…に気づく
- □warning signal　警告の信号
- □agree that SV　SV…であることに同意する
- □probably　おそらく
- □cause　原因

¶ 2
- □ **frightened** おびえた
- □ **worried** 心配した
- □ **produce** …を作り出す
- □ **certain** ある種の
- □ **chemical** 化学物質
- □ **help O** *do*　O が…するのを助ける
- □ **fight** …と戦う
- □ **unfortunately** あいにく
- □ **run away** 逃げる
- □ **fear** …を恐れる
- □ **modern** 現代の
- □ **use up O / use O up**　O を使いきる
- □ **actually** 実際
- □ **harm** …を害する
- □ **affect** …に影響を及ぼす
- □ **stomach** 胃
- □ **skin** 皮膚
- □ **back** 背中
- □ **cause** …を引き起こす
- □ **heart attack** 心臓発作
- □ **alcoholism** アルコール中毒
- □ **cause O to** *do*　O に…させる, O が…する原因となる
- □ **kill** *oneself*　自殺する

¶ 3
- □ **condition** 状況
- □ **overcrowding** 過密状態
- □ **traffic jam** 交通渋滞
- □ **competition** 競争
- □ **uncertainty** 不確かさ
- □ **future** 未来
- □ **stressful** ストレスの多い
- □ **be likely to** *do*　たぶん…するであろう, …しそうである
- □ **due to A**　A のために, A が原因で
- □ **economic** 経済の
- □ **crisis** 危機

¶ 4
- □ **suffer from A**　A に苦しむ
- □ **common** 共通の, 一般的な
- □ **danger** 危険
- □ **relax** リラックスする
- □ **take it easy** のんびりやる

5

▶問題は別冊 p.13

■解答■

問1　(A) エ　　(B) エ　　(C) ウ　　問2　(1) ア　　(3) ア
問3　(X) エ　　(Y) カ　　問4　ウ
問5　映像がさかさまに見える特殊なメガネ。(18字)
　　（別解）目に見えるものがさかさまに見えるメガネ。(20字)
問6　人々に十分なデータを提供すれば，ほとんどの人にどんなことでも納得させることができる。

配点と採点基準　50点満点

問1　（4点×3＝12点）
問2　（4点×2＝8点）
問3　（4点×2＝8点）
問4　（5点）
問5　（7点）
・¶1第①文の special eyeglasses that inverted the image「映像をさかさまにする特殊なメガネ」，もしくはその直後の the lenses turned everything upside down「（レンズが）すべてをさかさまにする（メガネ）」の部分を元に解答を作成していないものは0点。ただし「特殊な」「レンズ」などの表現が解答になくとも減点しない。「さかさまに見える」というポイントと「メガネ」というポイントが入っていれば減点しない。

問6　（10点）
・Provide ..., and you can ～ の「命令文..., and S V ～」を「…してごらんなさい，そうすればS V～」もしくは「（もし）…すればS V～」と訳せていない⇨－5点
・provide people with enough data は provide A with B「AにBを提供する，AにBを与える」を用いた表現で，Aにあたるのが people，Bにあたるのが enough data であることがわかっていない⇨－3点
・convince most people of anything は convince A of B「AにBを納得させる」を用いた表現で，Aにあたるのが most people，Bにあたるのが anything であることがわかっていない⇨－3点
・その他，単語の訳出ミス⇨各－2点

■解説■

問1

(A)

選択肢訳
ア「希望をもって」　　イ「親しみのある」
ウ「ほとんど…ない」　エ「たいてい」

まず空所が having a difficult time「苦労していた」を修飾している副詞であることに着目しよう。イは原則として形容詞であるからここでは不適切。アの副詞はプラスイメージの意味であるが、ここでの、単に「(実験で) さかさまに見えるメガネをかけて日常生活に苦労した」という文脈には合わない。また、前に They were bumping ... on their faces「机にぶつかったり、教室の移動時に教室の隅に歩いていったり、ばったりとうつぶせに倒れたりして」とあり、あきらかに苦労しているとわかるので、「苦労していた」を否定することになるウ．hardly も不適切。正解はエしかない。エを入れると、この英文全体が They were bumping into desks, walking into corners as they changed classes, falling flat on their faces, and generally having a difficult time.「机にぶつかったり、教室の移動時に教室の隅に歩いていったり、ばったりとうつぶせに倒れたりして、たいてい苦労していた」となって文意が通る。

(B)

get around で「(あちこち) 動き回る」という意味になるので正解はエとなる。空所にエを入れると、この英文全体が By the end of just one week, they were getting around perfectly fine.「たった1週間後までに、彼らは全く何の問題もなく動き回っていた」となって、直前の¶2第④文 They weren't even ... was now up.「彼らは上が今では下で、下が今では上になっていることを疑ってさえいなかった」とも自然な流れとなる。空所に選択肢のアが入ると、get up で「起き上がる」という意味に、イが入ると get to で「…に到着する」という意味に、ウが入ると get over で「…を克服する」という意味になるが、いずれも文脈に合わない。

(C)

選択肢訳

ア「…と同じくらい一生懸命」
イ「…するとすぐに、…と同じくらい早くに」
ウ「…と同じくらい容易に」
エ「…と同じくらい頻繁に」

　　ウを入れると、They could read and write almost as easily as they had before the project「彼らはその実験プロジェクトを実施する前とほとんど同じくらい容易に読み書きを行うことができた」となり、直前の They said they ... close to normal.「自分たちは適応してほぼ正常な状態になったと思う、と彼らは言った」という内容と、直後の they could accurately ... their "right-sighted" friends「距離を正確に測定することができ、『正しく物が見える』友人と同じくらいすたすたと長い階段を昇り降りすることさえできた」という内容に矛盾なくつながる。

問2

(1)

選択肢訳

ア「…を延長する」　　イ「…を調査する」
ウ「…を加工する、…を処理する」　エ「…を一時中止する」

　　prolong は「…を延長する、…を長くする」という意味の他動詞。正解はアである。

(3)

選択肢訳

ア「変えられた」　イ「確証された」
ウ「保存された」　エ「訂正された」

　　正解はア．changed。念のために文構造を確認しよう。

People (young and old, smart and stupid, sophisticated or not),
　　S
have had　their views, their realities, their values　altered ＜by a
　V　　　　　　　　　　O　　　　　　　　　　　　　C
flood of distorted data＞．

ここは have O *done* で「O を…される（被害）」という表現を用いている。もし alter の意味を知らなくてもこのパラグラフの「人間は時間と大量のデータがあれば，誤った知覚を正しいと思い込んでしまう」という趣旨を把握すれば何とか類推できるだろう。

問3

　下線部(2)において given enough time は given A「A を与えられると，Aがあれば」を用いた表現で，「十分な時間を与えられると，十分な時間があれば」という意味。これに対応するのが（　Y　）we are given enough time であるから，（　Y　）にカの if を入れると if we are given enough time「もし私たちが十分な時間を与えられたら」となって同意となる。次に treat a faulty perception as normal における treat は，treat A as B で「A を Bとみなす」という意味を表す。これは regard A as B とほぼ同意。したがって（　X　）にはエの regard が入る。treat A as B の A にあたる a faulty perception「誤った知覚」が regard A as B の A にあたる a perception which is fictional「架空の知覚」に対応し，treat A as B の B にあたる normal「正常な」が regard A as B の B にあたる real「現実の」に対応することも押さえておこう。正解の英文は
・We begin to regard a perception which is fictional as real if we are given enough time.
「もし十分な時間を与えられると，私たちは，架空の知覚を現実だとみなし始める」
となる。

問4

ア「実験後研究者たちは，人々が架空の知覚に適応することはほとんど不可能だという結論に至った」（×）
　　実験結果が述べられている¶2および¶3全体の内容に不一致。さかさまに見えるメガネをかけた生活に学生たちは適応したことが報告されている。

イ「実験の最初の段階で，かけているメガネによって生み出される新しい環境の対処に全く苦労しない学生が少数いた」（×）

¶1 第②文に For the first ... were stumbling around.「実験の最初の数日間は，学生たちはあちこちぶつかりながら歩いていた」とあり，みんな最初のうちは苦労していた趣旨のことは述べられているが，「苦労しない学生が少数いた」という記述はどこにもない。したがって不一致。

ウ「健全な判断力を持った人ですら，誤ったデータによって欺かれ，本当の状況がどうなのかを忘れることがある」（○）

¶4 第⑥文 People who once ... as the truth.「かつてははっきりとした人生観，強い善悪の観念，確固たる優先事項や価値観を持っていた人々でも，歪曲されたものを真実として受け入れるようになる」の内容に一致する。

エ「十分な情報を持った人は，そうでない人に比べて，実生活において危険を回避する可能性が高い」（×）

「十分な情報」については，¶4 第⑤文に出てくるが，この選択肢のような内容のことはどこにも書かれていない。

問5

下線部ぁ the eyeglasses「そのメガネ」の説明は，eyeglasses が初めて本文に登場する ¶1 第①文にある。special eyeglasses that inverted the image「映像をさかさまにする特殊なメガネ」である。また直後のコロン（:）のあとにも the lenses turned everything upside down「レンズがすべてをさかさまに変えてしまうのだ」と同様の内容の説明があるので，ここも合わせて20字以内の日本語で説明すればよい。よって，「映像がさかさまに見える特殊なメガネ。(18字)」，「目に見えるものがさかさまに見えるメガネ。(20字)」といった正解が考えられる。設問の問題文に「どのようなものか」とあるので，「〜メガネ。」と名詞止めで解答することを忘れないように。

問6

構造分析

< Provide people <with enough data>, and you can convince most people <of anything>.
　　V　　O　　　　　　　O　　　　　　　S　　　　V

- Provide ..., and you can 〜 のような「命令文..., and S V〜」の形は「…してごらんなさい，そうすればS V〜」もしくは「（もし）…すればS V〜」と訳す。この英文は If you provide people with enough data, you can convince most people <of anything>. と書き換えても同じ意味を表す。
- provide people with enough data は provide A with B「AにBを提供する，AにBを与える」を用いた表現で，Aにあたるのが people，Bにあたるのが enough data。
- convince most people of anything は convince A of B「AにBを納得させる」を用いた表現で，Aにあたるのが most people，Bにあたるのが anything。

■全訳■

¶1 ①数年前にある実験で，科学者のグループが像をさかさまにする特殊なメガネをボランティアの学生に着用してもらった。レンズがすべてをさかさまに変えてしまうのだ。②実験の最初の数日間は，学生たちはあちこちぶつかりながら歩いていた。③机にぶつかったり，教室の移動時に教室の隅に歩いていったり，ばったりとうつぶせに倒れたりして，たいてい苦労していた。④実際はどんな状況なのかがわかっていたので，脳がこの新しい誤ったデータを拒絶していたのだ。少なくともはじめのうちは。

¶2 ①その後，奇妙なことが起こった。②ほんの数日後，学生たちは虚構の逆さまの世界を本当の世界として受け入れ始めたのだ。③脳がその歪みに慣れたのだ。④彼らは上が今では下で，下が今では上になっていることを疑ってさえいなかった。⑤たった1週間後までに，彼らは全く何の問題もなく動き回っていた。

¶3 ①「ううむ」と研究者たちはうなった。②彼らは実験をまる1ヵ月延長することに決めた。③その1ヵ月が終わるころには，そのメガネはもはやまったく問題を引き起こすことはない，と学生たちは報告した。④自分たちは適応してほぼ正常な状態になったと思う，と彼らは言った。⑤彼らはその実験プロジェクトを実施する前とほとんど同じくらい容易に読み書きを行うことができた。距離を正確に測定することが

でき、「正しく物が見える」友人と同じくらいすたすたと長い階段を昇り降りすることさえできた。

¶4 ①この実験が示唆していることは、現実を完全に歪めてしまうレンズを通して世界を眺めている場合でさえも、私たちはすぐに自らの知覚に適応してしまうということである。②十分な時間があれば、私たちは誤った知覚をやがて正常なものとみなしてしまう。③<u>人々に十分なデータを提供すれば、ほとんどの人にどんなことでも納得させることができる。</u>④歴史を通じていたるところにその著しい例が見られる。⑤若い人も老いた人も、賢明な人も愚かな人も、教養のある人もそうでない人も、自分の考えや現実や価値観を膨大な量の歪められたデータによって変更されてしまっているのだ。⑥かつてははっきりとした人生観、強い善悪の観念、確固たる優先事項や価値観を持っていた人々でも、歪曲されたものを真実として受け入れるようになる。⑦完全に誤った視点が正しく見え始め、それがしばしば悲劇的な結果を伴うのだ。

■論理チャート■

¶1 像がさかさまに見えるメガネをかけて生活してもらう実験
　　⇒はじめのうち、脳が誤ったデータを拒絶するので苦労した
　　　　　　⇓
¶2 しばらくすると脳がさかさまの世界に慣れ、それを本当の世界として受け入れるようになった
　　　　　　⇓
¶3 1ヵ月後ほぼ完全に適応
¶4 私たちは十分な時間とデータがあれば誤った知覚をすぐに正常だとみなしてしまう⇒歪曲されたデータを真実として受け入れ、それが悲劇を生むことも

■100字要約■

ある実験で像がさかさまになるメガネを学生にかけさせたところ、何日かで適応するようになった。人間は歪曲された膨大なデータによって誤った視点を正しいと思い込まされることがあり、それが悲劇を生むこともある。(100字)

■語句リスト■

¶ 1
- experiment 実験
- volunteer ボランティア, 志願者
- wear …を身につけている
- eyeglass メガネ
- invert …をさかさまにする
- image 像
- upside down さかさまに
- stumble around あちこちつまずきながら歩く
- bump into A Aにぶつかる
- fall flat ばったり倒れる
- on *one's* face うつぶせに
- brain 脳
- reject …を拒絶する
- false 誤った
- at least 少なくとも

¶ 2
- odd 奇妙な
- happen 起こる
- accept A as B AをBとして受け入れる
- fictional 虚構の
- become accustomed to A Aに慣れる
- distortion ゆがみ
- question …を疑う

¶ 3
- researcher 研究者
- decide to *do* …することに決める
- prolong …を延長する
- experiment 実験
- pose …を提出する
- consider O(to be)C OをCだとみなす
- orientation 適応
- close to A Aにごく近い
- normal 正常な
- project 企画, 計画, プロジェクト
- accurately 正確に
- measure …を測定する
- distance 距離
- navigate …を操縦する, …を誘導する, …を通過する
- flight (階段の)一続き
- stair (階段の)段
- smoothly 円滑に
- right-sighted 正しく見える

¶ 4
- suggest …を示唆する
- adapt to A Aに順応する
- perception 知覚
- completely 完全に
- distort …をゆがめる
- reality 現実
- treat A as B AをBとみなす
- faulty 誤った
- provide A with B AにBを供給する
- convince A of B AにBを納得させる
- dramatic 劇的な, めざましい
- stupid 愚かな
- sophisticated 洗練された, 教養ある
- view 考え方
- value 価値, (通例複数形で)価値観
- alter …を変える
- a flood of A 大量のA
- sense 感覚, 認識力
- priority 優先事項
- nonetheless それにもかかわらず
- perspective 観点
- tragic 悲劇的な
- result 結果

6

▶問題は別冊 p.16

■解答■

問1　(A) エ　　(B) ウ　　問2　(1) ウ　　(2) ア
問3　エ－イ－オ－カ－ウ－ア
　　　：Experts（spent many days trying to destroy the virus）．
問4　ア・ウ
問5　viruses
問6　コンピュータウィルスは，コンピュータの所有者がしてほしくないと思っていることを行うようコンピュータに命令する。

配点と採点基準　50点満点

問1　（5点×2＝10点）
問2　（5点×2＝10点）
問3　（5点）
問4　（5点×2＝10点）
問5　（5点）
問6　（10点）
- tells the computer to do something が tell O to *do*「O に…するよう言う，O に…するよう命令する」の第5文型の tell を用いた表現だとわかっていない，すなわち the computer が不定詞句 to do something の意味上の主語であることがわかっていない⇨－4点
- the computer's owner does not want it to do が something を先行詞とする関係代名詞節（something と the computer's owner の間に目的格の関係代名詞 which または that が省略）であることがわかっていない⇨－4点
- want it to do が want O to *do*「O に…してほしい」の第5文型の want を用いた表現だとわかっていない，すなわち it（＝ the computer）が不定詞句 to do の意味上の主語であることをわかっていない⇨－4点
- その他，単語の訳出ミス⇨各－2点

■解説■

問1

(A)

選択肢訳

ア「相違点」　イ「論争」　ウ「隔たり」　**エ「類似点」**

　　空所を含む there are some (A)「いくつか (A) がある」は，They are not ... body, of course「もちろんそのウィルスは人間の体に侵入するウィルスとは異なる」という文と，**逆接の論理マーカー but でつなげられていることに注意**。but の前の文での They は ¶1 第③文で述べられている，コンピュータが苦しめられる virus「ウィルス」を指し，それが人間の体に侵入するウィルスとは異なっていると述べられている。but のあとでは，それと逆の内容のことが述べられるはずだから，コンピュータが苦しめられるウィルスと人間の体に侵入するウィルスとは「類似点」があるという内容の記述が出てくるはず。したがって正解はエとなる。

(B)

選択肢訳

ア「固定された」　イ「改良された」　**ウ「感染した」**　エ「保護された」

　　空所を含む英文 Within a few minutes all the power of "(B)" computers was being used to make copies of the virus. において，空所は直後の computers を修飾しており，英文全体の意味は「数分以内で，(B) コンピュータの機能はすべて，そのウィルスのコピーを作るのに費やされていた」である。この文脈から，'(B) computers' とは，明らかにウィルスが入り込んだコンピュータのことである。そのような意味になる選択肢はウ. infected「(ウィルスに) 感染した」しかない。

問2

(1)

選択肢訳

ア「計算」　イ「病気」　**ウ「指示」**　エ「武器」

　　まず下線部の commands の意味は「指示」という意味なので，正解は

ウである。もし command を知らなければ，下線部(1)を含む¶3 第⑥文 The computer sent the (1)<u>commands</u> to other computers through linked telephone lines. 「そのコンピュータが，つながった電話回線を通じて他のコンピュータにその(1)<u>commands</u> を送った」に続いて**第⑦文に The virus told ... copies of itself.「そのウィルスはそれぞれのコンピュータに，そのウィルス自身をコピーするよう命令した」とあることに着目しよう。**この文脈から commands は「(…せよという) 命令」に近い意味ではないかと推測できる。そのような選択肢はウ. instructions「指示」しかない。このようにたとえわからない単語に下線が引かれていても，後の文意から類推できる場合があるので，あきらめずにがんばろう！

(2)

選択肢訳

ア「進展，進歩」　イ「害」　ウ「影響」　エ「利益」

　　progress は「進歩」という意味の基本単語。不可算名詞であることとあわせてぜひ覚えておきたい。slow「…を遅れさせる」の目的語になっているという文脈からも意味が推測できたのではないだろうか。また，前の文意から，ここではマイナスイメージの内容になると予想することもできる。よって，全体がプラスイメージになってしまう選択肢のイだけは不可だと理解しておくことも，実戦では役に立つ。

問 3

構造分析

Experts spent many days <trying to destroy the virus>.
　　　S　　　V　　　　O

- spend O[時間] (in) *doing*「…するのに O を費やす」は頻出構文。in はしばしば省略される。ここでは O にあたるのが many days「何日も」で，*doing* にあたるのが trying to destroy the virus「ウィルスを撲滅しようとする」である。
- try to *do*「…しようとする，…しようと努める」
- destroy「…を破壊する，…を撲滅する」

問4

ア 「人間の体だけでなくコンピュータもウィルスの被害をこうむることがある」
（○）

¶1 第②・③文 They can enter ... from "viruses," too.「ウィルスはあなたが知らないうちにいつでもあなたの体内に入り込み，あなたを病気にすることがある。コンピュータもまた『ウィルス』に苦しめられることがある」の部分に一致する。

イ 「ウィルスは日本でコンピュータを研究する大学教員によって最初に造られた」
（×）

¶3 第①文に A virus like ... studying computer science.「このようなウィルスが，コンピュータサイエンスを研究しているある大学生によって，アメリカで造られた」とある。日本の大学教員ではない。

ウ 「コンピュータのセキュリティを強化しすぎると情報交換に支障をきたすことがある」（○）

¶4 第⑥文 Increasing security too much would destroy this exchange.「セキュリティをあまりに強化しすぎると，この交換ができなくなってしまうだろう」とあり，this exchange「この交換」とは，前文の a free exchange ... and government offices「大学，私企業，行政機関の間での意見や情報の自由な交換」を指している。以上から，本文の内容に一致すると言える。

エ 「がんなどと違い，コンピュータウィルス制圧の日は近いと考えられている」
（×）

このようなことは本文で述べられていない。

問5

counterpart は「相当するもの，対応するもの」という意味。下線部を含む¶1第⑥文が，人間の体に対するウィルスについて述べた直前の第⑤文と見事な対をなしていることに着目しよう。すなわち Disease-causing viruses are unwanted organisms「病気を引き起こすウィルスは，誰も望まない有機体」と Their computer counterparts are really unwanted programs「コンピュータにおいてそれに相当するものも実際誰も望まないプログラム」に

おいて，補語の unwanted organisms「誰も望まない有機体」と unwanted programs「誰も望まないプログラム」が互いに対応し，主語の Disease-causing viruses「病気を引き起こすウイルス」と，Their computer counterparts「コンピュータにおいてそれに相当するもの」が対応していることに気づけば，counterparts が viruses に対応することがわかるだろう。

問6

構造分析

A computer virus tells the computer to do something
　　　　S　　　　　V　　　　　O　　　　C
(the computer's owner does not want it to do).
　　　S′　　　　　　　V′ O′　C′

- tell O to do「Oに…するよう言う，Oに…するよう命令する」この不定詞は第5文型の補語として働いていて，目的語の computer が do something の意味上の主語であることが重要である。
- the computer's owner does not want it to do は something を先行詞とする関係代名詞節。something と the computer's owner の間に目的格の関係代名詞 which または that が省略されている。
- want O to do「Oに…してほしい」この不定詞も第5文型の補語として働いていて，目的語の it が do の意味上の主語である。また it は the computer を指す。

■全訳■

¶1　①ウイルスは極めて小さい有機体である。②ウイルスはあなたが知らないうちにいつでもあなたの体内に入り込み，あなたを病気にすることがある。③コンピュータもまた「ウイルス」に苦しめられることがある。④もちろん，そのウイルスは人間の体に侵入するウイルスとは異なるが，いくつか類似点がある。⑤病気を引き起こすウイルスは，誰も望まない有機体で，大気中を伝わり，ひそかに体内に入り込んでその体に害を及ぼすことがある。⑥コンピュータにおいてそのウイルスに相当するものも，電話回線のような電子メディアを行き来する実際誰も望まないプログラムであり，ひそかに機器に入り込んで，コンピュータやその中に蓄積されている情報に危害を加えることがあるのだ。

¶2　①コンピュータウイルスは，コンピュータの所有者がしてほしくないと思っていることを行うようコンピュータに命令する。②たとえば，ウイルスが銀行のコンピュータシステムに入り込むことがあるかもしれない。③そのウイルスが，ファース

トネームが「ジョン」の顧客全員の所有しているお金に関する情報を破壊するようシステムに命じるということがあるかもしれない。④人から人に広がっていくインフルエンザのように，コンピュータウィルスは次々と別のコンピュータへと広がっていくのである。

¶3　①このようなウィルスが，コンピュータサイエンスを研究しているある大学生によって，アメリカで造られた。②そのウィルスに冒されたコンピュータは，主要大学，行政機関，私企業に設置されたものであった。③それらはアメリカ国防省のシステムの一部であった。④それらは電話回線でつながっていた。⑤その大学生は，自分の大学のコンピュータにウィルスの指示を注入したのだ。⑥そのコンピュータが，つながった電話回線を通じて他のコンピュータにその指示を送った。⑦そのウィルスはそれぞれのコンピュータに，そのウィルス自身を大量にコピーするよう命令した。⑧「感染した」コンピュータの機能はすべて，数分と経たないうちにそのウィルスのコピーを作ることに費やされていた。⑨コンピュータは，他の仕事ができなくなっていた。⑩最後にはその機能が著しく低下してしまうか，もしくはまったく機能を停止してしまった。

¶4　①専門家たちはそのウィルスを撲滅しようとして何日も費やした。②引き起こされた問題ははるかに悪化していたかもしれない。③たとえば，そのウィルスは，放っておくとコンピュータの中に蓄積された大量の情報を破壊する命令を送ってしまったかもしれない。④より良いコンピュータセキュリティが必要とされているが，それが1つの問題なのである。⑤今回ウィルスに冒されたアメリカのコンピュータシステムは，大学，私企業，行政機関の間で意見や情報を自由に交換する場を供給しているシステムである。⑥セキュリティをあまりに強化しすぎると，この交換ができなくなってしまうだろう。⑦そのせいで，多くの重要な研究計画の進展が遅れることになるだろう。

■論理チャート■

¶1　ウィルスがあなたの体だけでなくコンピュータにも危害を加えることがある

¶2　コンピュータウィルスはコンピュータの所有者が望まないことをする
　　⇒銀行のコンピュータに侵入して情報を破壊（**具体例**）
　　　　　⇩

¶3　このようなウィルスはアメリカでコンピュータサイエンスを研究しているある大学生によって造られた
　　⇒国防省のシステムの一部の機能をマヒさせる

¶4　セキュリティ強化が必要
　　⇒セキュリティ強化がコンピュータシステムによる情報交換の進展を遅らせる可能性もある

■100字要約■

ウィルスがコンピュータに対しても，情報破壊などの所有者が望まないことをすることがある。したがってセキュリティ強化が必要になるが，あまり強化しすぎると情報交換が阻害されるなどの問題を生じる。(94字)

■語句リスト■

¶1
- □virus　ウィルス
- □extremely　極度に
- □organism　有機体
- □enter　…に入る
- □at any time　いつでも
- □without A's knowledge　Aの知らないうちに
- □suffer from A　Aに苦しむ
- □invade　…に侵入する
- □similarity　類似点
- □disease-causing　病気を引き起こす

- □unwanted　望まれない
- □transmit　…を伝える，…を伝染させる
- □harm　…に害を及ぼす
- □secretly　ひそかに
- □counterpart　相当するもの
- □electronic media　電子メディア
- □information　情報
- □store　…を蓄積する
- □device　装置

¶2
- □destroy　…を破壊する
- □belong to A　Aに属している

- □influenza　インフルエンザ
- □spread　広がる

¶3
- □affect　…に影響を及ぼす
- □major　主要な
- □government agency　行政機関
- □private company　私企業
- □link　…をつなぐ

- □command　命令，指示
- □infected　感染した
- □finally　最終的に
- □slow down　衰える，低下する

¶4
- □expert　専門家
- □cause　…を引き起こす
- □order　命令
- □huge　莫大な
- □amount　量

- □security　防護，セキュリティ
- □goverment office　行政機関
- □increase　…を増やす，…を強める
- □exchange　交換
- □progress　進行，進歩

7

▶問題は別冊 p.19

■解答■

問1　(A) ア　　(B) ウ　　問2　(1) ウ　　(2) ウ
問3　イ・オ　　問4　イ
問5　熱帯雨林の樹木は，私たちが毎日使う物を作るために利用される。
問6　熱帯雨林の樹木が大きな葉を通して発する水蒸気によってできた雲。
（30字）

配点と採点基準　50点満点

問1　（5点×2＝10点）
問2　（5点×2＝10点）
問3　（5点×2＝10点）
問4　（5点）
問5　（7点）
- are used to make…が，use「…を使う，…を利用する」の受動態に，「…するために」という意味の目的を表す副詞用法の不定詞が続いた形であることをわかっていない。すなわち「…を作るために使われる」「…を作るために利用される」のように訳せていない⇨－4点
- which we use every day が things を先行詞とする関係代名詞とわかっていない⇨－3点
- その他，単語の訳出ミス⇨各－1点

問6　（8点）
- ¶8 第②文 Through their large leaves, they give out water vapour which heavy clouds.の部分をまとめてあることが原則。これ以外の箇所を解答としているものには点を与えない。
- their / they を，その指示内容を取って「熱帯雨林の樹木」とせずに，「それら」などと記述している⇨－2点
- 「大きな葉を通して発する」のポイントが書かれていない⇨－2点
- 「水蒸気でできた」のポイントが書かれていない⇨－2点

■解説■

問1

(A)

選択肢訳

ア「急がなければならない」　イ「急いではいけない」
ウ「急ぐ必要はない」　　　　エ「急ぐだろう，急いでもよい」

　本文全体の序論であり，テーマを提示する役割を担っている¶1の最終文の一部が空所になっていることに着目しよう。この空所を含む英文は，次の¶2以降の導入にもなっている。¶2以降の論旨を**論理チャート**で確認してほしい。熱帯雨林が私たちに与えてくれる様々な恩恵が具体的に述べられながら，その熱帯雨林の破壊の問題が随所で指摘されている。さらに¶3第②文 If we destroy … never find them.「その森林を私たちが破壊すれば，それらを見出すことは二度とないだろう」，¶6第①文 Nobody knows how … of the world.「世界の熱帯雨林の多くが破壊されたためにどれほど多くの有用な植物がすでに失われているかは誰にもわからない」などの記述から，熱帯雨林が破壊される前に，様々な種について学ばねばならないことがわかる。そのような論旨に合うような選択肢はアしかない。

(B)

　比較および比較の強調語の知識を問う問題。まずdifficultの比較級はmore difficultとなる。**比較級を強調する場合はmuch / (by) far / a lot / a great deal / a good deal などを比較級の前に置く。**veryは比較級の強調には用いられない。したがってウが正解。

問2

(1)

選択肢訳

ア「森林」　　　イ「熱帯雨林の樹木」
ウ「新しい薬」　エ「バラ色のツルニチニチソウの葉」

　前文の¶3第①文を見てみよう。Many new medicines are waiting in the rainforests.「熱帯雨林にはたくさんの新しい薬が待ちかまえている」

とある。「待ちかまえている」というのは比喩的な表現で，この英文は要するに，「まだ発見されていないたくさんの新しい薬が熱帯雨林には隠れている」という意味である。以上の文脈から them は new medicines「たくさんの新しい薬」を指していると考えると，¶3第②文 If we destroy ... never find (1)them. の意味が「その森林を私たちが破壊すれば，新しい薬を見出すことは二度とないだろう」となって文脈が通る。

(2)
選択肢訳
ア「熱帯雨林」　　イ「トウモロコシの新しい種」
ウ「科学者たち」　エ「森林の人々」

　　下線部はこの英文の主語であり，found a new ... than other species「他の種よりも強い新たな種を発見した」という述部が続いていることをふまえた上で，前文の¶5第②文を見てみよう。Scientists began to ... in the rainforests.「科学者たちはトウモロコシの新たな種を熱帯雨林に探し求め始めた」とある。第②文の述部「トウモロコシの新たな種を探し求め始めた」⇒第③文の述部「他の種よりも強い新たな種を発見した」の流れから，第③文の主語と第②文の主語が共通であることは明らか。したがって正解はウ。

問3
ア「熱帯雨林に生息する動植物について私たちはまったくわかっていない」（×）
　　¶1第②文に We know about ... of these species.「これらの種のうちのほんの少数についてしか私たちにはわかっていない」とある。「まったくわかっていない」わけではないので不一致。

イ「熱帯雨林の植物は薬を作るのに利用される」（○）
　　¶2全体の内容に一致する。

ウ「キニーネは白血病の特効薬として使われており，ペルーが原産地である」（×）
　　¶2第③文に Quinine, the medicine ... tree of Peru.「マラリアの特効薬であるキニーネは，ペルーのキナノキから取れる」とある。キニーネは「白血病の特効薬」ではなく「マラリアの特効薬」である。

エ「世界中の人々が熱帯雨林の樹木の果実を何千年も食べてきた」(×)

¶4第③文に The fruits of ... thousands of years.「多くの森林樹の果実は食用に適しており，森林に暮らす人々は何千年もの間それらを食べてきた」とある。「何千年もの間食べてきた」のは「世界中の人々」ではなく「森林に暮らす人々」である。このように，一見常識では正しいように見える選択肢も，しっかりと対応を探して，吟味しなければ思わぬ罠にひっかかることがあるので注意しよう。

オ「**地球の天候の傾向のいくらかは熱帯雨林の樹木に左右されている**」(○)

¶8第①文 They are also ... the Earth's weather.「熱帯雨林の樹木は地球の天候をある程度左右しているという理由でもまた重要である」の内容に一致する。

カ「熱帯雨林の樹木は二酸化炭素と酸素を放出することによって地球の大気を制御する」(×)

¶7第①文に The trees of ... need to live.「熱帯雨林の樹木は地球の大気の手助けをしてくれる。というのは，葉が二酸化炭素を利用し，私たちが生きるために必要な酸素を作り出しているからだ」とある。放出するのは「酸素」だけで，「二酸化炭素」は樹木によって消費されるのである。

問4

選択肢訳

ア「どのようにして私たちは熱帯雨林を救えるか」
イ「**熱帯雨林はなぜ大切か**」
ウ「私たちは地球の天候から何を学ぶべきか」
エ「新しい薬はどこで見つけられるか」

論理チャート参照。テーマの¶1で「破壊されつつある熱帯雨林について急いで学ぶ必要性」が説かれ，あとは本文全体にわたって熱帯雨林が与えてくれる恩恵，すなわち熱帯雨林が世界にとって大切な理由が具体的に述べられている。したがって正解はイ。熱帯雨林を救う方法についてはどこにも述べられていないのでアは不可。また，地球の天候に関する記述は，¶8・9にあるが，熱帯雨林と関係する様々なものの一例として述べられておらず，また地球の天候から「何を学ぶべきか」が提示されていないの

で，ウは不可。エは熱帯雨林が与えてくれる恩恵の具体例の一部である¶2・3にしか対応しないので，本文全体のタイトルとしては不適切。

問5

構造分析

Rainforest trees are used ＜to make things（which we use ＜every day＞）＞.
　　　　S　　　　　V　　　　　　　　　　　　　　O′　S′　V′

- rainforest trees「熱帯雨林の樹木」
- are used to *do* で「…するために利用される」という意味。use「…を利用する」の受動態に，目的を表す副詞用法の不定詞が続いたもの。used to *do*「（かつては）…したものだ」／be used to *doing*「…するのに慣れている」などと混同しないように。
- which we use every day は things を修飾する関係代名詞節。which は他動詞 use の目的語として働く目的格の関係代名詞。

問6

　雲が作られるプロセスについて述べられているのは¶8第②文。Through their large ... makes heavy clouds.「その大きな葉を通して熱帯雨林の樹木は，厚い雲を作る水蒸気を発する」とある。この英文の内容をまとめればよい。ただし問題文に「どのようにしてできた雲か」とあるので，**解答を「…できた雲。」という形で結ぶことと，答えの該当箇所にある代名詞 their や they の指示内容**（ここではともに¶7第①文の The trees of the rainforests「熱帯雨林の樹木」）**をさかのぼってきちんと取り，それを代入した上で解答することに注意しよう。**

■全訳■

¶1　①地球の植物や動物の半数以上の種が熱帯雨林で生きている。②これらの種のうちのほんの少数についてしか私たちにはわかっていない。③私たちはもっと多くを学ぶことができるだろうが，急がなくてはならない。

¶2　①熱帯雨林に暮らすさまざまな種族は，以前からずっと植物を利用して薬を作ってきた。②今日世界中で，人々は熱帯雨林の植物から作られる薬を利用している。③マラリアの特効薬であるキニーネは，ペルーのキナノキから取れる。④マダガスカ

ル産のバラ色のツルニチニチソウの葉は，命に関わる血液の病気である白血病の特効薬として利用されている。

¶3　①熱帯雨林にはたくさんの新しい薬が待ちかまえている。②その森林を私たちが破壊すれば，それらを見出すことは二度とないだろう。

¶4　①(あ)熱帯雨林の樹木は，私たちが毎日使う物を作るために利用される。②たとえば，ゴムはたくさんの物を作るのに使われる。③多くの森林樹の果実は食用に適しており，森林に暮らす人々は何千年もの間それらを食べてきた。④今日世界中で人々は熱帯雨林の食用植物を消費している。たとえばコーヒー，茶，オレンジ，コメなどである。⑤世界の多くの人々にとって大切な食べ物であるトウモロコシは，またもうひとつの熱帯雨林の植物である。

¶5　①1970年，ある病気によってアメリカ合衆国のトウモロコシの半分が死滅した。②科学者たちはトウモロコシの新たな種を熱帯雨林に探し求め始めた。③1987年，メキシコの熱帯雨林で彼らは他の種よりも強い新たな種を発見した。④しかしその地域のメキシコ熱帯雨林はすでに伐採されつつあったので，私たちはこの新しい種のトウモロコシもほとんど失った。

¶6　①世界の熱帯雨林の多くが破壊されたためにどれほど多くの有用な植物がすでに失われているかは誰にもわからない。

¶7　①熱帯雨林の樹木は地球の大気の手助けをしてくれる。というのは，葉が二酸化炭素を利用し，私たちが生きるために必要な酸素を作り出しているからだ。

¶8　①熱帯雨林の樹木は地球の天候をある程度左右しているという理由でもまた重要である。②その大きな葉を通して，厚い雲を作る水蒸気を発する。③それからその雲は地球の他の地域に移動し，雨を降らせる。④その雲はまた，太陽から地球を守ってくれる。

¶9　①今日地球はゆっくりと温暖化しており，いくつかの場所では，天候が変化したために，何百万人もの人々の生活がはるかに困難なものになりつつある。②まだ熱帯雨林があるうちに私たちは地球の天候についてもっと多くのことを学ぶ必要がある。

■論理チャート■

- ¶1　熱帯雨林の動植物について急いで学ぶ必要がある（**テーマ**）
- ¶2　熱帯雨林の植物からさまざまな薬が作られる
  - ・キナノキから取れるキニーネ，白血病の特効薬になるバラ色のツルニチニチソウの葉（**具体例**）
  ⇩
- ¶3　森林を破壊すれば多くの新たな薬を失う
- ¶4　熱帯雨林の樹木からさまざまな毎日使う物が作られる
  - ・ゴム，果実，さまざまな食用植物（**具体例**）
  ⇩
- ¶5　トウモロコシの新種をメキシコの熱帯雨林に求めた

　　　⇕　　**But**（逆接）

　　伐採が進んでいたため新種のトウモロコシのほとんどを失った
- ¶6　熱帯雨林の破壊によってどれほど多くの植物が失われたかはわからない
- ¶7　熱帯雨林の樹木は大気の手助けをしてくれる
- ¶8　熱帯雨林の樹木は雲をつくることで天候を左右する
  ⇩
- ¶9　地球温暖化が進む今，熱帯雨林がある間に，天候についてもっと学ぶ必要がある。

■100字要約■

熱帯雨林は，様々な有益な物を私たちに与えてくれ，また大気に酸素を供給したり，天候を左右したりする。熱帯雨林がなくなってしまわないうちに，私たちは急いでそれについてより多くのことを学ばなければならない。(100字)

■語句リスト■

¶1
- □ **species**　種（しゅ）
- □ **plant**　植物
- □ **rainforest**　熱帯雨林
- □ **a small number of A**　少数のA

¶ 2
- **medicine** 医学, 薬
- **malaria** マラリア
- **rosy** バラ色の
- **deadly** 命にかかわる
- **blood** 血液
- **disease** 病気

¶ 3
- **destroy** 破壊する

¶ 4
- **rubber** ゴム
- **thousands of A** 何千ものA

¶ 5
- **look for A** Aを探す
- **nearly** ほとんど

¶ 6
- **useful** 有用な

¶ 7
- **carbon dioxide** 二酸化炭素
- **oxygen** 酸素

¶ 8
- **control** …を支配する, …を左右する
- **weather** 天候
- **give out O / give O out** Oを発する
- **water vapour** 水蒸気
- **protect A from B** AをBから守る

¶ 9
- **millions of A** 何百万ものA

8

▶問題は別冊 p.22

■解答■

問1　(A) ア　　(B) エ　　問2　エ　　問3　エ　　問4　ア
問5　エ　　問6　ア　　問7　ア
問8　学べば学ぶほど稼げる。
問9　大学に通うこと。（8字）

配点と採点基準　　50点満点

問1　（4点×2＝8点）
問2　（4点）
問3　（4点）
問4　（5点）
問5　（5点）
問6　（5点）
問7　（5点）
問8　（8点）
- ‛the＋比較級…，the＋比較級〜’で「…すればするほど，（それだけ）ますます〜」という意味になるとわかっていない⇨－5点
- 2つのmoreを「たくさん」と訳出していても，特に訳出していなくても意味は変わらないので減点しない。すなわち「たくさん学べば学ぶほど，たくさん稼げる」と訳しても，「学べば学ぶほど稼げる」と訳しても許容する。
- その他，単語の訳出ミス⇨各－2点

問9　（6点）
- ¶3第③文のCollege attendanceが答えだとわかっていないものには点を与えない。
- 「大学に通うこと」という意味の日本語になっていれば，「大学に行くこと」「大学生になること」「大学の授業に出席すること」など広く認める。

■解説■
問1
(A)
選択肢訳
ア「たとえば」　イ「しかしながら」　ウ「そのうえ」　エ「それにもかかわらず」

　直前の¶2第①・②文にAlthough two-thirds of … for personal growth.「アメリカの高卒者の3分の2が大学に入学するが，高校の新卒者は大学のキャンパスでもはや多勢を占めてはいない。あらゆる年齢の成人が，新しい仕事の技能のため，あるいは個人として成長するために教室に戻ってきている」とある。空所を含む¶2第③文はIn 1996, (A), almost 20% of American college students were over the age of 35.「(A) 1996年にはアメリカの大学生のほぼ20%が35歳を超えていた」で，この内容は明らかに直前の第①・②文で述べられている「大学のキャンパスはもはや高校の新卒者ばかりではなく，あらゆる年齢の成人が大学生になっている」という内容の具体例となっている。したがって正解は具体例を導く論理マーカーのアとなる。イとエは逆接，ウは追加の論理マーカーなので，ここでは不適切。

(B)
選択肢訳
ア「正規の」　イ「大卒の，大学院の」　ウ「成熟した」　**エ「将来の」**

　¶4第④文の空所以外の意味はWith so many colleges to choose from, how do (B) students find the right one for their needs?「これほど多い選択可能な大学の中から，(B) 学生はどうやって自分の要求にぴったり合った大学を見つけるのだろうか」である。「これほど多い選択肢の中から自分にぴったり合った大学を見つける」というのは，大学に進学しようと希望はしているがまだ大学生になっていない段階の者がすることである。したがって空所にエ. prospectiveを入れると，後のstudentsとあわせてprospective studentsで「将来の学生」という意味になり文意が通る。

問2

選択肢訳

ア「学部学生たちが大学レベルの勉強をこなすことができないので，およそ80％の大学の卒業生が補習クラスを提供している」
イ「およそ80％の大学生が自分たちの必要なコースのために補習クラスを取る」
ウ「およそ80％の学生の学生が補習クラスのある大学に入ることができない」
エ「およそ80％の大学では，大学レベルの勉強をこなせない大学生は補習クラスを取ることができる」

　下線部 For those not … writing, and math. は，about 80% of undergraduate schools「大学の約80％」が S，offer「…を提供する」が V，remedial classes「補習クラス」が O である。undergraduate schools は直訳すると「学部学生の学校」となるが，これは要するに学士課程の大学のことである。For those not academically prepared to handle college-level work は副詞句。those はここでは college students のことで，この those が形容詞句 not academically prepared to handle college-level work「大学レベルの勉強をこなすだけの学力のない」によって修飾されている。以上のことをふまえてこの英文を訳すと「大学レベルの勉強をこなすだけの学力のない者のために，大学の約80％が読み，書き，数学の補習クラスを提供している」という意味になる。これに最も近い意味の選択肢はエとなる。

問3

選択肢訳

ア「多くの大学が学期の初めに新入生をクラブに入部させようとする」
イ「多くの大学や短期大学が，高校から教師を採用する」
ウ「多くの大学や短期大学が，高校生を勧誘するためにスタッフを派遣している」
エ「多くの大学が，学生を勧誘するために，高校だけでなく短期大学にもスタッフを派遣している」

　下線部 Many schools send … to recruit students. は，Many schools「多くの大学」が S，send「…を派遣する」が V。send は send A to B で「A を B に送る，A を B に派遣する」という意味を表し，この A にあたるのが，college representatives「大学の代表者」，B にあたるのが，high schools and two-year colleges「高校や2年制の大学」である。文末の to recruit students「学生を勧誘するため」は，目的を表す副詞用法の不定詞。全体で「多くの大学が，高校や2年制の大学に生徒を勧誘するために代表者を派遣している」という意味になる。これに最も近い意味の選択肢はエとなる。two-year colleges「2年制の大学」が選択肢イ・ウ・エの junior colleges「短期大学」に相当することに注意。

問4
ア **「大学教育はバランスのとれた人間を作るのに役に立つ」**（○）
イ 「大学生は自分の専攻のコースにしか関心がない」（×）
ウ 「高校生は技術訓練を望んで初めて受けることができる」（×）
エ 「大学教育の唯一の目的はよい仕事を得ることだ」（×）

¶1 第⑤・⑥文に They may take … and interested individuals.「人間，自然，政治，または様々な芸術の理解を深める助けになってくれる授業を取ることができる。バランスのとれた人間は，よりよい市民，よりよい親，そして人の関心をもっとひきつけ，もっと自分でもいろいろなことに関心を持つ人間になる可能性が高い」とある。この内容にアが一致する。イは第④文に In addition to taking courses in their major field of study, students take elective courses.「専攻の研究分野でコースを取るのに加え，学生は選択科目も取る」とあるので不一致。ウは本文に記述なし。エは第③文に A college education is not just preparation for a career, however.「しかしながら，大学教育は単に職業のための準備だけではない」とあるので不一致。

問5
ア 「高校を出てすぐ大学に通っている学生よりも，今では成人の学生の方が数で勝っている」（×）
イ 「近年，はるかに多くの高卒生が大学に通っている」（×）
ウ 「年配の人々は，雇用を得る機会を高めるためだけに大学に通っている」（×）
エ **「大学に入学する年配の人々の数が増えている」**（○）

¶2 第②文に Adults of all … for personal growth.「あらゆる年齢の成人が，新しい仕事の技能のため，あるいは個人として成長するために教室

に戻ってきている」とあり，第③・④文のデータがその傾向を裏付けている。したがってエが正解となる。年配の大学生が増えているとは述べられているが，高校の新卒生より数で勝っているとは書かれていないのでアは不可。イの傾向に関しても本文では述べられていない。ウは第②文の or for personal growth「あるいは個人として成長するために」の部分と矛盾する。

問6

ア「大学教育は誰にでも開かれている」（○）
イ「アメリカ人のおよそ25％が大学に通うことを望んでいる」（×）
ウ「大学に行きたいと望む人は誰でも裕福になるチャンスがある」（×）
エ「裕福な人と学問の才がある人だけが大学に行くことができる」（×）

¶3 第③・④文 College attendance is … wants to go.「大学に通うということは，金持ちや学問の才のある者のためのものではないのだ。行きたい者なら誰でも利用できる」の内容にアが一致し，エが不一致となる。イの25％という数字は，第②文 Almost one-quarter of … are college graduates.「25歳を超えるアメリカ人のほぼ4分の1が大卒者である」に one-quarter「4分の1」という形で出てくるが，この英文から「アメリカ人のおよそ25％が大学に通うことを望んでいる」ということにはならないので，イは選べない。ウに関しては，第3パラグラフでこのようなことは一切述べられていない。

問7

ア「高校生が大学に関する情報を集めるのは容易である」（○）
イ「大学に関する情報を集めるにはコンピュータを使う必要がある」（×）
ウ「多くの大学は学生の勧誘に熱心ではない」（×）
エ「アメリカの大学は大学の数が多すぎる」（×）

¶4 第⑤文以降このパラグラフの最終文にわたって，大学選択にはありとあらゆる方法が豊富にあることが述べられている。したがってアが正解と言える。イは，コンピュータ以外にも学校の指導カウンセラー，大学のガイドブック，公共図書館などの情報収集の方法も紹介されているので不可。ウは第⑩文 Many schools send … to recruit students.「多くの大学

が，高校や2年制の大学に生徒を勧誘するために代表者を派遣している」の内容と矛盾する。また，アメリカにはたくさんの大学があることは述べられているが，「多すぎる」とは述べられていないので，エは不可。

問8

構造分析

<**The more you learn**>**, the more you earn.**
  O' S' V'   O S V

- 'The＋比較級…, the＋比較級～'で「…すればするほど，（それだけ）ますます～」という意味になる。
- The more you learn や，the more you earn の the more は，もともと learn や earn の目的語であった代名詞の much が比較級 more となり，the がついて文頭に移動したものである。

問9

下線部は¶3第④文の主語である。述部の内容を見てみよう。is available to anyone who wants to go「行きたい者の誰にも可能だ」となっている。これはちょうど直前の第③文 College attendance is … the academically talented.「大学に通うということは，金持ちや学問の才のある者のためのものではないのだ」の述部 is not reserved for the wealthy and the academically talented「金持ちや学問の才のある者のためのものではないのだ」という内容の完全な言い換えとなっている。したがって第④文の主語も第③文の主語と一致すると推測できる。よって正解は第③文の主語 College attendance「大学に通うこと」を訳し抜けばよいということになる。

■全訳■

¶1 ①(あ)「学べば学ぶほど稼げる」とアメリカ人はよく言う。②アメリカでは給料が高いほとんどすべての仕事は、高校以上の教育か技術訓練を必要とする。③しかしながら、大学教育は単に職業のための準備だけではない。④専攻の研究分野でコースを取るのに加え、学生は選択科目も取る。⑤人間、自然、政治、または様々な芸術の理解を深める助けになってくれる授業を取ることができる。⑥バランスのとれた人間は、よりよい市民、よりよい親、そして人の関心をもっとひきつけ、もっと自分でもいろいろなことに関心を持つ人間になる可能性が高い。

¶2 ①アメリカの高卒者の3分の2が大学に入学するが、高校の新卒者は大学のキャンパスでもはや多勢を占めてはいない。②あらゆる年齢の成人が、新しい仕事の技能のため、あるいは個人として成長するために教室に戻ってきている。③例えば1996年にはアメリカの大学生のほぼ20％が35歳を超えていた。④今では約50万人の大学生が50歳を超えている。

¶3 ①教育の価値に対するアメリカ人の信仰は、少なくとも学士号を持つアメリカ人の数が増えていることにより証明されている。②25歳を超えるアメリカ人のほぼ4分の1が大卒者である。③大学に通うということは、金持ちや学問の才のある者のためのものではないのだ。④行きたい者なら誰でも利用できる。⑤現在、約1,500万人の学生が、その機会を利用している。⑥大学レベルの勉強をこなすだけの学力のない者のために、大学の約80％が読み、書き、数学の補習クラスを提供している。

¶4 ①アメリカ合衆国には約3,700校の高等教育機関がある。②そのうちの約1,600校が2年制である。③2,000校を超える機関が4年制であり、その多くが大学院プログラムも設けている。④これほど多い選択可能な大学の中から、将来の学生はどうやって自分の要求にぴったり合った大学を見つけるのだろうか。⑤大学に関する情報は、大学の指導カウンセラー、大学のガイドブック、公立図書館、インターネット、そしてその大学自身から簡単に入手できる。⑥パンフレットや願書を手紙で請求することもできる。⑦大学の中にはビデオを郵送してくれるところもある。⑧学生が特定の関心事を具体的に記し、その学生の説明に合う大学の一覧を印刷するのを可能にしてくれるコンピュータプログラムを利用することもできる。⑨大部分の高等教育機関にはウェブサイトもある。⑩多くの大学が、高校や2年制の大学に生徒を勧誘するために代表者を派遣している。⑪最後に、大学を訪問し、キャンパスを見て回り、カウンセラーと話をする学生もたくさんいる。

■論理チャート■

¶1　アメリカでは給料の良い仕事のほとんどは学歴が必要

　　　　　⇕　**however**（逆接）

　　　大学教育は職業のための準備ではない
　　　⇒様々な教養を身につけ，バランスのとれた人間に
　　　　　⇓
¶2　あらゆる年齢の成人が大学に通う傾向
¶3　教育の価値に対するアメリカ人の信仰
　　　⇒大学は誰にでも開かれている
¶4　多くの選択肢から自分にあった大学を選ぶ手段も豊富にある

■100字要約■

アメリカでは，職業の準備だけでなくバランスのとれた人間になるため，あらゆる年齢の成人が大学に通っている。大学は誰にでも開かれており，多くの選択肢から自分にあった大学を選ぶ手段も豊富にある。(94字)

■語句リスト■

¶1
- □ **earn** …を稼ぐ
- □ **pay well** 給料がよい
- □ **require** …を必要とする
- □ **education** 教育
- □ **technical** 技術上の
- □ **preparation** 準備
- □ **career** 職業
- □ **in addition to A** A に加えて
- □ **major** 専攻の
- □ **field** 分野
- □ **government** 政治
- □ **well-rounded** 多才な，バランスのとれた
- □ **be likely to** *do* たぶん…するであろう，…しそうである
- □ **citizen** 国民，市民
- □ **interesting** 興味を引き起こす
- □ **interested** 興味を持っている
- □ **individual** 個人

¶2
- □ **graduate** 卒業生
- □ **enter** …に入る
- □ **recent** 最近の
- □ **no longer** もはや…ない
- □ **dominate** …を支配する
- □ **return to A** A に戻る
- □ **either A or B** A か B かどちらか
- □ **skill** 技能
- □ **personal** 個人的な
- □ **growth** 成長

¶ 3
- faith 信頼, 信仰
- value 価値
- exemplify …を例証する
- at least 少なくとも
- bachelor's degree 学士号
- one-quarter 4分の1
- attendance 出席
- reserve A for B AをBのために取っておく
- wealthy 裕福な
- academically 学問的に
- talented 才能のある
- available 利用できる
- right now ちょうど今
- take advantage of A Aを利用する
- opportunity 機会
- be prepared to do …する備えができている
- handle …を扱う
- undergraduate 学部学生の
- offer …を提供する
- math 数学

¶ 4
- institution 機関
- higher learning 高等教育
- prospective 将来の
- obtain …を手に入れる
- guidance counselor 指導カウンセラー
- public library 公立図書館
- write for A Aを手紙で請求する
- application 申込用紙
- mail out O Oを大量に郵送する
- allow O to do Oが…するのを可能にする
- specify …を具体的に述べる, …を指定する
- particular 特定の
- fit …に合う
- description 記述
- Web site （インターネット上の）ウェブサイト
- representative 代表者
- recruit …を勧誘する
- finally 最終的に
- tour 見学

▶問題は別冊 p.26

9

■解答■

問1	(1) ア	(2) ア	(3) エ	問2 (A) ア (B) イ
問3	1 ウ	2 イ	3 エ	問4 ア

問5　電力がビル内を人々が移動する方法を変えるのに役立ったように，それはまた，人々が都市を移動する方法も変えてしまった。

問6　streetcar city

配点と採点基準　50点満点

問1　（3点×3＝9点）
問2　（3点×2＝6点）
問3　（5点×3＝15点）
問4　（5点）
問5　（10点）
- As electricity … inside buildings が副詞節，it also … around cities が主節という基本構造がわかっていない⇨−5点
- as S'V'… 「S'V'…するように」がわかっていない⇨−3点
- helped change A「Aを変えるのに役立った，Aを変えるのを助けた」の help do「〜するのに役立つ，〜するのを助ける」の表現がわかっていない⇨−3点
- the way people traveled inside buildings「ビル内を人々が移動する方法」における the way S'V'…「S'V'…する方法，どのようにしてS'V'…するか」がわかっていない⇨−3点
- how people traveled around cities「人々が都市を移動する方法」における how S'V'…「S'V'…する方法，どのようにしてS'V'…するか」がわかっていない⇨−3点
- travel around cities「都市（のいたるところ）を移動する」が訳せていない。たとえば，around を「〜の周囲を」と訳していたり，travel を「旅行する」と訳していたりする⇨−2点
- その他，単語の訳出ミス⇨各−2点

問6　（5点）

■解説■

問1

(1)

選択肢訳

ア「群がった」　イ「飛んだ」　ウ「生まれた」　エ「働いた」

　　flock はここでは自動詞で「群がる」という意味。最も近いのはア．crowded である。flock には名詞で「群れ」という意味もある。また crowd にも名詞で「群衆」という意味がある。あわせて覚えておこう。

(2)

選択肢訳

ア「建設」　イ「設計，企画」　ウ「実験」　エ「考慮」

　　construction は「建設」という意味。最も近いのはア．building である。the construction of skyscrapers で「摩天楼の建設」という意味。skyscrapers「摩天楼」はカンマのあとで buildings that looked tall enough to scrape the sky「空に触れるほど高く見えるビル」と言い換えられている。

(3)

選択肢訳

ア「変わった」　イ「新しくなった」　ウ「小さくなった」　エ「拡大した」

　　expand はここでは自動詞で「拡大する」という意味。最も近いのはエ．spread である。文脈もヒントになる。下線部(3)を含む英文 Largely due to public transportation, cities (3)expanded. の直後に**具体例を表す論理マーカー For example「たとえば」で始まる英文（¶6第⑥文）が続いていることに着目しよう**。cities expanded の具体例として in 1889, Chicago … as its area「1889年，シカゴはいくつかの郊外を加え，その面積ばかりでなく人口も2倍以上にふくれ上がった」と述べられているわけである。この英文の内容からも expanded は選択肢の中ではエ．spread に近い意味ではないかと推測できたはず。

問2

(A)

選択肢訳

ア「その結果」　イ「たとえば」　ウ「しかしながら」　エ「だが一方」

　　空所の直前の¶2第④文 Now buildings could … the higher floors.「人々はもはや，上の階に歩いて上る必要がなくなったので，ビルはある程度の階数以上の高さにすることができるようになった」と，空所に続く英文 buildings could hold more people「ビルはより多くの人々を収容できることとなった」との論理関係を考えてみよう。「原因・理由」⇒「結果」の流れになっていることがわかるだろう。したがってア．As a result の因果関係を表す論理マーカーでつなぐのが最適。ちなみにイは具体例，ウは逆接，エは対比を表す論理マーカーであるということも押さえておこう。

(B)

選択肢訳

ア「～を評価する」　**イ「～を増す」**　ウ「～を測る」　エ「～を減らす」

　　空所を含む¶3第①文のセンテンスに続く¶3第②・③文に In 1885, the … to ten stories.「1885年，シカゴのホームインシュアランスビルは，摩天楼の床と壁の莫大な重みを支えることのできる鉄と鉄鋼の骨組みを誇った。ビルは10階まで伸びた」とある。つまり鋼鉄のおかげでビルの高さが増したわけである。以上の文脈からイ．increase「～を増す」が正解。

問3

1　たくさんの非常に高いビルが建設されたので，＿＿＿＿＿＿。
　　ア「平均気温が上がった」（×）
　　イ「大都市で日光を得るのは困難になった」（×）
　　ウ「都市社会は発展させやすくなった」（○）
　　エ「摩天楼の建設にいくつか規制が必要だと人々が主張し始めた」（×）

　　¶1第②・③文に For example, new … city life possible.「たとえば，新しいテクノロジーは，摩天楼，すなわち空をこするほど高く見えるビルの建設を可能にした。摩天楼は都市の成長を助け，現代の都市生活を

可能にした」とあることからウが正解。

2　最終的にエレベーターは＿＿＿＿＿。
ア「人々が荷物を2階に運ぶのを可能にした」（×）
イ「より多くの人々がビルにとどまるのを可能にした」（○）
ウ「犯罪を防いだ」（×）
エ「より多くの人々が自動車事故に遭わないようにした」（×）

　　¶2全体の内容からイが正解。

3　工業化以後，アメリカの都市部では＿＿＿＿＿。
ア「毎月500万人以上の人々が路面電車を利用した」（×）
イ「毎年500万人以上の人々が路面電車を利用した」（×）
ウ「毎月50億人以上の人々が路面電車を利用した」（×）
エ「毎年50億人以上の人々が路面電車を利用した」（○）

　　¶4 第②文に Before industrialization, people … travel over land.「工業化以前，陸上の移動には，人々は歩くか，馬車を用いた」とあり，続いて第③文に But by 1900, … passengers a year.「しかし1900年までには，アメリカの都市では電動の路面電車が1年に50億人以上の乗客を運ぶようになっていた」とあることからエが正解。5 billion は「50億」，a year は「1年につき」という意味。

　　このように hundred「100」, thousand「1000」, million「100万」, billion「10億」, trillion「1兆」, half「2分の1」, quarter「4分の1」, a third「3分の1」, two thirds「3分の2」などの数量表現は常識として覚えておかねばならない。

問4
選択肢訳
ア「都市の発達を促した新しいテクノロジー」　イ「摩天楼の建設方法」
ウ「路面電車と馬」　エ「エレベーター建造のための鋼鉄の使用」

　　論理チャートにあるように，¶1で述べられている新しいテクノロジーによる都市の発達がテーマで，「摩天楼」，「路面電車」，「エレベーター」

などはその具体例にすぎない。したがって，タイトルとしてはアが最適。

問5

構造分析

<As electricity helped change the way (people traveled inside buildings)>, it also changed [how people traveled around cities].
(S' V" O S" V"), S V O S' V'

- As electricity … inside buildings が副詞節，it also … around cities が主節。as はここでは接続詞。as S'V'… で「S'V'…するように」という意味。
- help *do*「～するのに役立つ，～するのを助ける」 help は不定詞を目的語にとることのできる動詞だが，その不定詞の to が省略された原形不定詞が後続する場合もある。help *do* で「…するのに役立つ，…するのを助ける」という意味になる。
- the way people traveled inside buildings「ビル内を人々が移動する方法」 the way (in which) S'V'…「S'V'…する方法，どのようにしてS'V'…するか」
- how people traveled around cities「人々が都市を移動する方法」how S'V'…「S'V'…する方法，どのようにしてS'V'…するか」＝the way in which S'V'…
- travel around cities の travel は「移動する」という意味の自動詞で，around は「～のいたるところを」という意味の前置詞。travel around cities で「都市（のいたるところ）を移動する」という意味になる。
- it は electricity を指す。

問6

　下線部 city to have … powered by electricity において，to have a transportation system powered by electricity は直前の名詞 city を修飾する形容詞用法の不定詞。a transportation system powered by electricity は「電動化された輸送システム」という意味。以上から下線部の意味は「電動化された輸送システムをもつ都市」となる。これは続く¶5②Other cities soon installed their own electric streetcars.「他の都市もすぐに電気で動くその

都市独自の路面電車を設置した」以降の内容から考えても,「移動に路面電車を使うようになった都市」のことである。¶5は¶4の具体例であるという関係から(**論理チャート**参照),そのような都市を2語で表す語句を¶4に探すと,¶4④Streetcars and trains … the streetcar city.「路面電車や電車は,歩く都市を路面電車の都市へと変貌させた」に,streetcar city「路面電車の都市」という表現があり,これが正解。

■全訳■

¶1 ①新しいテクノロジーは,都市がそこに集まってくる何百万もの人々を受け入れるのに役立った。②たとえば,新しいテクノロジーは,摩天楼,すなわち空をこするほど高く見えるビルの建設を可能にした。③摩天楼は都市の成長を助け,現代の都市生活を可能にした。

¶2 ①もっと大勢の人々を収容できる高層ビルを建造するのに,エレベーターが重要な発明であった。②1860年代以前は,ビルが4階より高くなることはめったになかったが,それは人々が最上階まで上がるのに苦労するからであった。③1889年,オーティスエレベーター社が最初の電動式エレベーターを設置した。④人々はもはや,上の階に歩いて上る必要がなくなったので,ビルはある程度の階数以上の高さにすることができるようになった。⑤その結果,ビルはより多くの人々を収容できることとなった。

¶3 ①鋼鉄の使用もまた,ビルを高くするのに役立った。②1885年,シカゴのホームインシュアランスビルは,摩天楼の床と壁の莫大な重みを支えることのできる鉄と鋼鉄の骨組みを誇った。③ビルは10階まで伸びた。④摩天楼は都市の景観を永遠に変えることとなった。

¶4 ①<u>(あ)電力がビル内を人々が移動する方法を変えるのに役立ったように,それはまた,人々が都市を移動する方法も変えてしまった。</u>②工業化以前,陸上の移動には,人々は歩くか,馬車を用いた。③しかし1900年までには,アメリカの都市では電動の路面電車が1年に50億人以上の乗客を運ぶようになっていた。④路面電車や電車は,歩く都市を路面電車の都市へと変貌させた。

¶5 ①1888年,バージニア州リッチモンドは,電動化された輸送システムを持つ最初のアメリカの都市となった。②他の都市もすぐに電気で動くその都市独自の路面電車を設置した。③路面電車は都市のいたる所,人々を仕事や遊びへと迅速に運ぶことができた。④シカゴのようないくつかの都市は,電動の路面電車を路面から高架へと移動させることで,高架線を作り上げた。⑤またニューヨークのように,線路を地下トンネルに敷設し,地下鉄を作る都市もあった。

¶6 ①路面電車の都市は,歩く都市には決してできなかったやり方で,都市の中心部から外へと広がっていった。②仕事場からより離れて暮らすことができるようになったことで,都市の周囲に新しい郊外の発達が促された。③郊外に住む人々の中には,接している都市の一部になりたがる者もいた。④人々はまた都市の輸送機関の恩恵を

受けることもできた。⑤主として公共の輸送機関のために都市は拡大した。⑥たとえば，1889年，シカゴはいくつかの郊外を加え，その面積ばかりでなく人口も2倍以上にふくれ上がった。

■論理チャート■

¶1　新しいテクノロジーが都市の人口増加を可能に（テーマ）
¶2　高層ビルを可能にしたエレベーター（具体例1）
¶3　高層ビルを可能にした鋼鉄（具体例2）
¶4　都市の移動方法を変えた路面電車（具体例3）
　　　　　　　⇓
¶5　様々な都市（リッチモンド・シカゴ・ニューヨーク）の路面電車
¶6　路面電車の影響＝都市の拡大

■100字要約■

より多くの人々を受け入れることのできる高層ビルを可能にしたエレベーターや鋼鉄，移動方法を変え郊外を発達させた路面電車などの新しいテクノロジーが，都市の人口増加を可能にし，都市の成長，拡大を促した。（98字）

■語句リスト■

¶1
☐ **technology**　科学技術，テクノロジー
☐ **help O do**　O が…するのを助ける
☐ **absorb**　…を吸収する
☐ **millions of A**　何百万もの A
☐ **flock**　群がる，集まる

☐ **possible**　可能な
☐ **construction**　建設
☐ **skyscraper**　超高層ビル，摩天楼
☐ **scrape**　…をこする

¶2
☐ **key**　重要な
☐ **invention**　発明
☐ **construct**　…を建設する
☐ **great numbers of A**　たくさんの A

☐ **rarely**　めったに…ない
☐ **story**　階
☐ **install**　…を取り付ける
☐ **no longer**　もはや…ない

¶ 3
- ☐ **steel** 鋼鉄
- ☐ **boast** …を誇る
- ☐ **iron** 鉄の
- ☐ **framework** 骨組み
- ☐ **enormous** 莫大な
- ☐ **weight** 重み
- ☐ **view** 眺め，視野

¶ 4
- ☐ **electricity** 電気，電力
- ☐ **industrialization** 工業化
- ☐ **horse-drawn vehicle** 馬車
- ☐ **streetcar** 路面電車
- ☐ **billion** 10億
- ☐ **passenger** 乗客

¶ 5
- ☐ **transportation system** 輸送システム
- ☐ **power** …に動力を供給する
- ☐ **create** …を作り出す
- ☐ **elevated line** 高架線
- ☐ **place** …を設置する
- ☐ **underground** 地下の
- ☐ **tunnel** トンネル
- ☐ **subway** 地下鉄

¶ 6
- ☐ **spread** 広がる
- ☐ **outward** 外側へ
- ☐ **suburb** 郊外
- ☐ **develop** 発達する
- ☐ **border** …に接する
- ☐ **serve** …に奉仕する，…の役に立つ
- ☐ **largely** 主として
- ☐ **due to A** Aのために，Aが原因で
- ☐ **public** 公共の
- ☐ **expand** 拡大する
- ☐ **add** …を加える
- ☐ **double** …を2倍にする
- ☐ **population** 人口
- ☐ **area** 面積

▶問題は別冊 p.29

10

■解答■

問1	(1) ウ (2) ア	問2 (A) イ (B) エ
問3	1 ウ　2 イ　3 ウ	問4 ウ

問5　動物と同様に，私たちは周囲で起こることに反応し，そして自分が環境に左右されるのにまかせる。

問6　私たちには選択の機会があるという発見。(19字)

配点と採点基準　50点満点

問1　(4点×2＝8点)
問2　(4点×2＝8点)
問3　(5点×3＝15点)
問4　(5点)
問5　(8点)
- Like the animals「動物と同様に」の like A「Aと同様に，Aのように」がわかっていない⇨－2点
- react to A「Aに反応する」のAにあたるのが what happens around us という名詞節であることがわかっていない⇨－2点
- what happens around us の what が「こと，もの」という意味の先行詞を含んだ関係代名詞であることがわかっていない⇨－2点
- allow A to do「Aが…するのを許す，Aに…させておく，Aが…するのにまかせる」がわかっていない⇨－2点
- become conditioned by A「Aに左右される，Aに支配される」がわかっていない⇨－2点
- その他，単語の訳出ミス⇨各－2点

問6　(6点)
- ¶3 第①文の that we have choices「私たちには選択の機会がある，私たちは選択できる」の部分が該当箇所だとわかっていないものには点を与えない。
- 「…ということ。」「…という発見。」というように，文末が名詞で終わっていない⇨－2点

■解説■
問1
(1)
選択肢訳
ア 「私たちは動物ほど豊かではない」
イ 「動物は私たちより豊かである」
ウ 「私たちは動物たちと同様貧しい」
エ 「私たちは動物たちと同様豊かである」

　　下線部の**'no＋比較級＋than A'という表現は「Aと同様…ではない」という意味である**。we're no better off than animals で「私たちは動物同様豊かではない」という意味になる。最も近い意味のものはウである。better off は well off「裕福な, 不自由しない」という語句の比較級。選択肢の badly off は「貧しい, 困窮している」という意味で, well off と反対の意味の語句である。

(2)
選択肢訳
ア「ひどい, 不快な」　イ「気分のいい」　ウ「乾燥した」　エ「穏やかな」

　　lousy は「不愉快な」という意味の形容詞。最も近い意味の選択肢はアである。lousy の意味がわからなくてもこの場合文脈から推測できる。まず, ¶3第④文において, コロン(:)以下にその前の some of the … make new choices「新たな選択をする人生の機会を利用しないことに対して人々が考え出す言い訳のいくつか」の具体例が列挙されていることに着目しよう。下線部を含む lousy weather という語句はその一部である。並列されている他の語句を見てみよう。「言い訳」の具体例なので, not enough money「金が足りない」, no time「時間がない」, wrong conditions「状況が悪い」, poor luck「運がない」, too tired「疲れすぎている」, bad mood「気分が悪い」などマイナスイメージのものばかりである。したがってそれらと並列された lousy weather もマイナスイメージの意味だと推測できる。そのような選択肢はアしかない。

問2

(A)

　separate A from B で「A を B から区別する，A を B から分ける」という意味になる。したがって正解はイ。本文ではこれの A にあたるのが human beings「人間」，B にあたるのが the animal world「動物界」となっている。

(B)

　people come up (　B　) は the excuses を先行詞とする関係代名詞節で，the excuses と people の間に目的格の関係代名詞 which または that が省略されており，それが come up (　B　) の目的語になっている。目的語を取る動詞句のイディオムでこの場合適切なものといえば，**come up with A「A を考え出す，A を持ち出す」**しかない。したがって正解はエ。

問3

1　動物のただ 1 つの目的は何か。
　ア「食べて眠ること」(×)
　イ「本能を持つこと」(×)
　ウ「生き続けること」(○)

　¶ 1 第⑥文に Their sole purpose is to survive.「彼らの唯一の目的は生存することである」とあり，この Their は第②文の the family dog, an elephant in the zoo, or a mountain goat in the Andes を指す。これは animals の具体的な言い換えになっている点に注意。したがって正解はウ。このように対応箇所に指示語があれば，その指示語が何を指すのかをチェックすることを忘れないように。

2　あなたにはどれだけの選択の機会があるか。
　ア「あなたの夢と同じ数」(×)
　イ「想像できないくらいたくさん」(○)
　ウ「ほとんどの動物よりたくさん」(×)

　¶ 4 第①文に You have more choices than you ever dreamed possible.「夢に思ったこともないほど多くの選択があなたには可能なのだ」とあるのでイが正解。

3 どの2種類の選択がもっとも大切か。
ア 「何を食べるかと何を身につけるか」（×）
イ 「重要な物をどのように作るかとどれだけ稼ぐか」（×）
ウ **「どう考えるかとどう行動するか」**（○）

¶4 第⑥文に It's what we … are most important.「もっとも大事なのは，何を考え，何をしようと選択するかなのだ」とある。この部分にウが一致する。この対応文の It is ... that は強調構文で，that の後の are の主語である，what we choose to think and what we choose to do が強調されていることにも注意しよう。

問4

選択肢訳
ア 「動物のように生きる人が選択の機会を持つ」
イ 「私たちは動物のようになるしか仕方がない」
ウ **「動物には選択の機会がないが，人間にはある」**

論理チャート参照。¶1で人間と動物の共通点が述べられ，¶2で，動物は選択することができないが人間にはできるという相違点が提示された後は，最後まで選択の機会を利用して生きることの大切さが説かれている。その論旨に合うタイトルはウしかない。

問5

構造分析

\<Like the animals\>, we react \<to [what happens \<around us\>]\>,
　　　　　　　　　　S　　V　　　　　　S'　　V'
and we allow ourselves to become conditioned \<by our environ-
　　　S　　 V　　　O　　　　　　C
ment\>.

・冒頭の Like は前置詞で，like A で「Aのように，Aと同様に」という意味を表す。
・react to A「Aに反応する」Aにあたるのが what happens around us「私たちの周りで起こること」という名詞節。
・allow A to *do*「Aが…するのを許す，Aに…させておく，Aが…するの

にまかせる」A と to do の間に意味上「主語－述語」の関係が成立している。これの A にあたるのが ourselves「自分自身」, to do にあたるのが become conditioned by our environment「環境に支配される」である。

・become conditioned の conditioned は「条件付けられる」という意味の過去分詞で, become conditioned by A で「A によって条件付けられている／A によって左右されている」という意味を表す。

問6

下線部 that discovery の discovery という語は, 直前の¶3第①文で用いられている他動詞 discover「…を発見する」の名詞形である。したがって, that discovery「その発見」は discovering that we have choices「私たちには選択の機会があるということを発見すること」の部分を受けているのは明らか。これを20字以内でまとめればよい。that discovery は名詞であるので, 解答も「…とういこと。…という発見。」という名詞止めにすることを忘れないように。

■全訳■

¶1 ①あなたは, 人間と動物の間にはほんのわずかの違いしかないということを知っていただろうか。②観察するのがペットの犬であれ, 動物園のゾウであれ, アンデス山脈のシロイワヤギであれ, 動物たちは本質的に同じことをしているということがわかるだろう。③彼らは食べ, 眠り, 安全な住処を探し求め, そして子を産む。④それらはみな本能である。⑤彼らはそれによって生きているのだ。⑥彼らの唯一の目的は生存することである。⑦彼らは偶然の出来事に反応し, 環境に支配されている。⑧そういうわけで, そういう動物たちを訓練するのはたやすいのだ。

¶2 ①私たち人間はどのように異なっているのだろうか？ ②私たちも同じ臓器と機能を有している。③そして生存本能に加え, 基本的に必要とするものも同じである。④(1)動物と同様に, 私たちは周囲で起こることに反応し, そして自分が環境に左右されるのにまかせる。⑤だから, 認めることを私たちが望もうが望むまいが, 私たちもまた訓練されやすいのである。⑥唯一の違いは, 私たちにとって必ずしもそうである必要はない, ということである。⑦私たちにあるのは本能だけではない。⑧私たちには選択する能力がある。⑨それこそが人間を動物界から分けているものなのだ。⑩だからもし, 私たちがその能力を行使しなければ, 私たちは動物同様豊かではなくなるのだ。⑪私たちが行っていることは生存することだけということになる。⑫生きているのではなく, ただ存在しているだけということになる。

¶3 ①よりよく生きることの出発点は, 私たちには選択の機会があるということを

発見することだ。②残念なことに，そのような発見をまったくしない人が多い。③彼らは選択する多大な自由を与えてくれる国に暮らしているのに，周囲の状況に捕らわれて，囚人のように生きている。④新たな選択をする人生の機会を利用しないことに対して人々が考え出す言い訳のいくつかに，私はいつも驚かされる。金が足りない，時間がない，状況が悪い，運がない，天気がうっとうしい，疲れすぎている，気分が悪い，などまだまだある。⑤しかし実際のところは，自分たちの選択肢がまったく目に入ってこないのだ。⑥それはまるで，どこかに閉じ込められ，自分を自由にしてくれる鍵をポケットに持っているのに，ただその鍵がポケットにあると知らないためにそれをまったく使わないでいるようなものだ。

¶4　①夢に思ったこともないほど多くの選択があなたには可能なのだ。②大事なのは，そういった選択の機会がある——しかも人生のある限り毎日ある——ということを知っていることなのだ。③私たちは選択によって生きているのであって，偶然によって生きているのではない。④最も大事なのは何が起こるかではない。⑤起こることに私たちがどう対処するかである。⑥もっとも大事なのは，何を考え，何をしようと選択するかなのだ。

■論理チャート■

¶1　人間と動物の間には違いは少ししかない
　　　　　⇓
　　　動物は本能のみによって生き，環境に支配されている
¶2　人間も同じ
　　　　　⇓
　　　人間が動物と違う唯一の点＝人間は選択することができる
¶3　そのことをわかっていない人が多い
¶4　大事なのは選択できるということを知ること
　　　　　⇓
　　　私たちは偶然ではなく選択によって生きている

■100字要約■

人間も動物も生存本能があり環境に支配されるが，選択の機会を持っているのは人間だけである。多くの人はそのことをわかっていないが，私たちにとって最も大切なのは，偶然ではなく，選択によって生きることである。(100字)

■語句リスト■

¶ 1
- □**only a few** ほんの少しの
- □**difference** 違い
- □**elephant** ゾウ
- □**zoo** 動物園
- □**mountain goat** シロイワヤギ（ロッキー山脈の野生のヤギ）
- □**the Andes** アンデス山脈
- □**essentially** 本質的に
- □**seek** …を探し求める
- □**shelter** 住処
- □**breed** 子を産む, 繁殖する
- □**instinct** 本能
- □**live by A** A によって生きる, A を生活の指針とする
- □**sole** 唯一の
- □**purpose** 目的
- □**survive** 生存する
- □**react to A** A に反応する
- □**chance happening** 偶然の出来事
- □**condition** …を左右する
- □**environment** 環境
- □**train** …を訓練する

¶ 2
- □**function** 機能
- □**basic** 基本的な
- □**along with A** A とともに, A に加えて
- □**allow O to** *do* O が…するのを許す
- □**admit** …を認める
- □**ability** 能力
- □**choose** 選ぶ
- □**separate A from B** A を B から区別する
- □**exercise** …を行使する
- □**well off** 裕福である
- □**instead of A** A の代わりに, A でなくて
- □**simply** 単に
- □**exist** 存在する

¶ 3
- □**discover** …を発見する
- □**choice** 選択（の機会）
- □**sadly** 残念なことには
- □**discovery** 発見
- □**offer** …を提供する
- □**prisoner** 囚人
- □**trap** …を捕える
- □**circumstances** （周囲の）状況, 環境
- □**be amazed at A** A にびっくりする
- □**excuse** 言い訳
- □**come up with A** A を考え出す
- □**take advantage of A** A を利用する
- □**opportunity** 機会
- □**luck** 運
- □**lousy** 不愉快な
- □**mood** 気分
- □**go on** 続く
- □**the truth is that SV** 実は SV…である
- □**lock up O / lock O up** O を閉じ込める
- □**somewhere** どこかで
- □**set O free** O を自由にする
- □**simply because SV** 単に SV…という理由だけで

¶ 4
- □**possible** 可能な
- □**by chance** 偶然
- □**deal with A** A に対処する

11

■解答■

問1　(1)　ウ　　(2)　イ　　　(3)　エ
問2　(A)　ウ　　(B)　ア
問3　1　イ　　2　ウ　　3　ウ　　4　イ
問4　イ
問5　誰が子どもの世話をし，誰が家事をするのかという問題。(26字)
問6　しかし，ふつう妻が全部の仕事を自分でする必要はない。

配点と採点基準　50点満点

問1　（3点×3＝9点）
問2　（4点×2＝8点）
問3　（4点×4＝16点）
問4　（5点）
問5　（6点）
- ¶2第⑥・⑦文の2つの疑問文 who is going to take care of the children now? Who is going to do the housework? が答えの部分とわかっておらず，この部分と全く異なる箇所を解答にしているものには点を与えない。
- ¶2第⑥文と第⑦文のうち，どちらか一方の疑問文しか解答になっていない⇨－3点
- 「…ということ。」「…という問題。」というように名詞止めになっていない⇨－2点

問6　（6点）
- the wife が S，does not have to do が V，all the work が O の構造がわかっていない⇨－4点
- does not have to do を「…する必要がない，…しなくてもよい」と訳せていない⇨－3点
- その他，単語の訳出ミス⇨各－2点

■解説■

問1

選択肢訳
ア 「中に店がたくさんある大きな建物」
イ 「幼児が面倒を見てもらう場所」
ウ 「家に隣接した，ふつうは芝生でおおわれている土地」
エ 「商品やサービスを作り出したり売ったりする組織」

(1)
　　　下線部(1)の yard は「庭」という意味の名詞。したがって正解はウである。下線部を含む¶1第⑧文 His work at home was usually outside in the (1)yard. の「父親の家での仕事はふつう，家の外の(1)yard においてであった」という文脈からもウしかない。

(2)
　　　下線部(2)の day-care center は「保育所」という意味の名詞。したがって正解はイである。¶3第⑥文で，この下線部が these centers と受けられている。この英文の内容を見ると，Most children enjoy … in these centers.「ほとんどの子どもは，こうした(2)day-care center で，おもちゃやゲームで遊んだり，他の子どもと一緒に遊んだりして楽しむのである」とある。「子どもがおもちゃやゲームで遊んだり，他の子どもと一緒に遊んだりして楽しむ場所」という文脈からも正解が導き出せたはず。

(3)
　　　下線部(3)company はここでは「会社」という意味の名詞。したがって正解はエである。work for「…に勤める」の目的語になっていることからもエが正解になると予想ができる。

問2

(A)

選択肢訳
ア 「その結果」　イ 「たとえば」　ウ 「しかしながら」　エ 「それゆえ」

　　　空所を含む¶2第①文の前の¶1では，妻のほとんどは専業主婦で家事・子育てすべてを行い，夫だけが外に働きに出る，という30年前の家族

の生活が述べられている。それに対して¶2第①文の空所以外の部分の文意は，These days, (　A　), many women work outside the home.「今日では多くの女性が家を出て働いている」という現在の状況が述べられており，その内容は30年前とは相反するものとなっている。したがって空所には逆接を表す論理マーカーであるウが入る。ア・エは因果関係を表す論理マーカー，イは具体例を表す論理マーカーで，いずれもこの文脈では正解にならない。

(B)

選択肢訳

ア「より親密な」　イ「より冷淡な」　ウ「より奇妙な」　エ「より冷酷な」

　　空所を含む¶6第②文の後半に because they are at home more「父親が家にいる割合が増えるので」とあり，続く第③文に They can learn to understand their children better.「子どもをもっと理解できるようになる」とある。「父親が子どもをよく理解するようになっている」という文脈に合い，かつ「父親が家にいる割合が増える」という理由から生じる父親と子どもとのプラスイメージの関係を表す選択肢はアしかない。アは「親密な」という意味の形容詞 close の比較級で，be close to A で「A に近い，A と親密な」という意味を表す。

問3

1　アメリカでは，30年前，_____。

ア「父親は子どもと遊ぶ十分な時間があった」（×）

イ「父親はふだん夜遅くに非常に疲れて帰宅するので，子どもと一緒にいる時間をほとんど取れなかった」（○）

ウ「母親は余分なお金を稼ぐため家を出て働くのが普通であった」（×）

　　¶1第①・②文から，このパラグラフでは「30年前のアメリカ」の姿が描かれているとわかる。その¶1第⑥・⑦文に He came home …, except on weekends.「彼（＝父親）は夜に疲れて帰宅するのであった。だから，週末を除いて，子どもに会うことがあまりなかった」とあるのでイが正解。

2　今日アメリカでは＿＿＿＿＿。
　ア「理想の相手を見つけるのが非常に困難だとわかっているので，独身のままでいることを選ぶ男性が多い」（×）
　イ「子育ての方法に関してそれぞれの意見が一致することがほとんどありえないという理由から結婚に関して自信がない人が多い」（×）
　ウ「家を出て働いていて，夜に家族と過ごす時間が減っている女性が多い」（○）
　　¶2第①・②文にThese days, (A), ... children all day.「(A)今日では多くの女性が家を出て働いている。彼女たちは一日中子どもと家にいられるわけではない」とあるのでウが正解。アやイのような記述は本文のどこにもない。

3　＿＿＿＿＿夫が以前より多い。
　ア「離婚することにならないためには，より一生懸命働いて妻の手伝いもするべきだとわかっている」（×）
　イ「家で妻や子どものために働くのは嫌がる」（×）
　ウ「子育てを助けたり，皿洗いやその他の家事をしたりして，妻と協力しあう」（○）
　　¶5全体の内容にウが一致する。アは「離婚することにならないために」と「より一生懸命」の部分が本文に記述なし。

4　最終パラグラフで述べられている変化は，＿＿＿＿＿。
　ア「妻と子のもとを離れる父親にとって重要である」（×）
　イ「父親が家族のことをより良く知り，理解するのを可能にする」（○）
　ウ「夫と妻の両方に深刻な被害をもたらしたように思われる」（×）
　　¶6第③文にThey can learn to understand their children better.「彼ら（＝父親）は子どもをもっとよく理解できるようになる」とあり，第⑤文にThey, too, may have a better understanding of each other.「夫婦間の理解も深まるだろう」とあることからイが正解。

問4
選択肢訳
ア「アメリカ人は教育問題をどう解決してきたか」
イ「この30年でアメリカの家族生活はどう変化してきたか」
ウ「アメリカで最も成功している女性は誰か」

論理チャート参照。¶1と¶2で，30年前はほとんどが専業主婦であった女性が今では外に働きに出るという変化が述べられ，¶3・4・5でそれを援助するための社会および家庭内の様々な変化が述べられ，¶6で家庭内の変化が及ぼす影響について述べられている。正解はイしかない。

問5

　　下線部(あ)の questions「問題」という名詞に着目すれば，直前の¶2第⑥・⑦文の疑問文を受けていることが容易にわかるはず。questions と複数形になっているので，この疑問文の両方を指していると考える。したがってこの¶2第⑥・⑦文 So who is ... do the housework?「では，今では誰が子どもの世話をするのだろうか。誰が家事をするのだろうか」をベースに25字程度の解答を作成すればよい。よって，正解は「誰が子どもの世話をし，誰が家事をするのかという問題。(26字)」となる。these problems という名詞の内容を尋ねられているので，「…という問題。」「…という疑問。」と名詞止めにするのを忘れないように。

問6

構造分析

But usually the wife <u>does not have to do</u> all the work herself.
　　　　　　　　　　S　　　　　　　　　V　　　　　　　O

- does not have to do は have to do「…しなければならない」の否定形で，「…しなくてもよい，…する必要はない」と訳す。
- all the work は「すべての仕事」という意味で all は work を修飾する形容詞であるが，all the＋名詞という語順に注意しよう。なお否定文で all を用いると部分否定となり，「すべて…とは限らない，すべて…というわけではない」という意味になることが受験のポイントとなるが，今回は「すべての仕事をする必要はない」と訳すことで部分否定のニュアンスが入っているので，何か特別な訳を施す必要はない。
- herself は再帰代名詞と呼ばれ，ここでは the wife と同格的に用いられ，それを強調する用法。「妻はみずから，妻は自分で」などと訳す。

■全訳■

¶1 ①アメリカの家族生活が変わりつつある。②およそ30年前は、主婦が家の掃除をし、家族のすべての食事を作り、子どもの世話をした。③主婦は家の中で最も大切な人であった。④家族のために金を稼ぐのは父親であった。⑤父親はふだん一日中家を出て働いた。⑥彼は夜に疲れて帰宅するのであった。⑦だから、週末を除いて、子どもに会うことがあまりなかった。⑧父親の家での仕事はふつう、家の外での庭仕事であった。⑨料理と掃除は女性だけの仕事であった。

¶2 ①しかしながら今日では多くの女性が家を出て働いている。②彼女たちは一日中子どもと家にいられるわけではない。③彼女たちも夜に疲れて帰宅する。④夕食を作るのに夜の時間を費やしたいとは思わない。⑤彼女たちに家の掃除をしたり洗濯をしたりする時間はない。⑥では、今では誰が子どもの世話をするのだろうか。⑦誰が家事をするのだろうか。

¶3 ①これらの問題に対する答えは、家族によって異なるかもしれない。②<u>しかし、ふつう妻が全部の仕事を自分でする必要はない。</u>③妻は、今日子どもに関しては援助を受けることができる。④その1つが保育所である。⑤だから、妻は日中、自由に働きにいくことができるのだ。⑥ほとんどの子どもは、こうした保育所で、おもちゃやゲームで遊んだり、他の子どもと一緒に遊んだりして楽しむのである。

¶4 ①女性が会社勤めする際は、会社側がその女性に別の類の援助をすることもあるだろう。②その女性がパートタイムで働くことを会社側が許可することがある。③そのようにして、いくらかの金を稼ぎ、毎日ある程度は子どもといることも可能となる。

¶5 ①女性は、最も重要な援助を夫から受けることがある。②この頃は、家事を妻と分担している男性が多い。③こうした家庭では、男性が洗いものや洗濯をする。④⑤妻が料理をする夜もあれば、夫がする夜もある。⑥2人一緒に買い物に行き、一緒に家の掃除をする。⑦夫はまた、今までより多くの時間家にいて子どもと過ごすであろう。⑧しばらく休職したり、パートタイムの仕事だけをしたりする男性すらいるかもしれない。⑨こうした男性は、「主夫」と呼ばれる。⑩アメリカでは、年々主夫になる男性が増えているのである。

¶6 ①家の中がこのように変化するということは、家族関係も変化するということだ。②父親が家にいる割合が増えるので、子どもとより親密になることができる。③子どもをもっとよく理解できるようになる。④夫と妻は、夫婦関係における変化にも気づくだろう。⑤夫婦間の理解も深まるだろう。

■論理チャート■

¶1　アメリカの家族生活が変わりつつある（テーマ）
　　　⇒30年前：主婦が家事と子育てすべてを行い，夫は一日中家を出て働いた
　　　　　　　⇕　**however**（逆接）
¶2　今日：多くの女性が家を出て働いている
　　　　　　⇓
　　　では誰が子育てや家事をするのか？
¶3　（**妻への援助の具体例**）①保育所が子どもを預かってくれる
¶4　（**妻への援助の具体例**）②会社がパートタイムの勤務を許可してくれる
¶5　（**妻への援助の具体例**）③夫が家事を分担してくれる
　　　　　　⇓
¶6　家族関係の変化
　　　＝父親の子どもに対する理解と夫婦間の理解が深まる

■100字要約■

アメリカでは，家事全部を妻が行い夫は一日中外で働くという家族生活が変化しており，様々な援助を得て女性も働きに出るようになっている。とりわけ夫の援助は重要で，家族内や夫婦間の理解が深まる場合がある。(98字)

■語句リスト■

¶1
- **housewife** 主婦
- **meal** 食事
- **care for A** Aを気にかける，Aを世話する
- **earn** …をかせぐ
- **except** …を除いて
- **yard** 庭

¶2
- **these days** 近頃
- **spend O doing** …してOを過ごす
- **take care of A** Aの世話をする
- **housework** 家事

¶3
- **day-care center** 保育所
- **be free to do** 自由に…することができる
- **toy** おもちゃ

¶ 4
- □ **company** 会社
- □ **allow O to *do*** O が…するのを許す, O が…するのを可能にする
- □ **work part-time** パートタイムで働く

¶ 5
- □ **share A with B** A を B と分かち合う
- □ **spend** …を過ごす
- □ **for a while** しばらくの間
- □ **house-husband** 主夫

¶ 6
- □ **be close to A** A に近い, A と親しい
- □ **learn to *do*** …できるようになる
- □ **marriage** 結婚(生活)

12

▶問題は別冊 p.36

■解答■

問1　(1) イ　(2) ア　(3) ウ　　問2　(A) ウ　(B) イ
問3　1 ア　2 エ　　問4　ウ　　問5　エ
問6　ほとんどの人々は，話したり，聞いたり，そして進歩した社会では読んだり，書いたりすることに生活の非常に多くの部分を費やす。
問7　(linguist という語は) 多くの言語を話す人という意味も表すので，混乱をまねくから。(28字)

配点と採点基準　50点満点

問1　(4点×3＝12点)
問2　(4点×2＝8点)
問3　(4点×2＝8点)
問4　(4点)
問5　(4点)
問6　(8点)
- spend A[時間] *doing*「…するのに A を費やす，…して A を過ごす」の構文が取れていない⇨－3点
- an extremely large amount of their life「生活の非常に多くの部分」のかたまりが訳せていない⇨－2点
- talking と listening と reading and writing が並列で，すべて spend A[時間] *doing* の *doing* に相当するとわかっていない⇨－2点
- in advanced societies「進歩した社会では」が reading and writing を修飾する副詞句とわかっていない⇨－2点
- その他，単語の訳出ミス⇨各－1点

問7　(6点)
- ¶5 第③文の it causes confusion, since it also refers to someone who speaks a large number of languages の部分が正解の箇所とわかっていないものには点を与えない。
- 「多くの言語を話す人という意味も表す」の部分が書かれていない⇨－3点
- 「混乱をまねく」の部分が書かれていない⇨－3点

■解説■
問1
(1)

選択肢訳

ア「…を費やす」　イ「…に出会う」　ウ「…を書く」　エ「…を話す」

　　come into contact with A で「A と接触する，A と出会う」という意味。正解はイである。もしこの表現を知らなくても，下線部の目的語が25,000 words「25,000語」，主語が someone who chats for an hour, listens to a radio talk for an hour and reads for an hour「1時間おしゃべりして，1時間ラジオのトーク番組を聞いて，1時間読書する人」であることに着目しよう。「おしゃべりする」「ラジオを聞く」「読書する」のどの場面においても言語に対してあてはまる行為といえば，イ．meets「…に出会う」しかないと推測できるだろう。

(2)

選択肢訳

ア「不可欠な」　イ「不道徳な」　ウ「抑圧された」　エ「容認できない」

　　integral は「不可欠な」という意味の形容詞。正解はアである。後の¶2②・③文で，言語発達の仕方や言語構造において世界中の人間が似ていることが述べられ，続く第④文で，Language and abstract … beings from animals.「言語と抽象的思考は密接に関係しており，何よりもこの特徴が人間を動物と異なるものにしていると多くの人は考えている」と述べられている。これより少なくともイ，ウ，エのようなマイナスイメージの選択肢が正解にはならないと推測できただろう。

(3)

選択肢訳

ア「実際の音楽は言語と密接な関係があるので，音楽理論は言語学と同じくらい重要である」

イ「音楽理論と言語学は，前者が実際の音楽を扱い後者が言語を扱うにもかかわらず，よく似ている」

ウ「音楽理論と実際の音楽との関係は，言語学と言語の関係と同じである」

エ「言語学が言語を産み出すように，音楽理論が実際の音楽を産み出す」

　下線部(3)において，bear ... relation to A は「Aと…な関係がある」という意味。the same A as S V ... は「SがV…するのと同じA」という意味。なお，linguistics does to language における does は代動詞で，bears の代わりとして用いられている。以上のことから下線部(3)Music theory bears ... does to language. は「音楽理論は実際の音楽に対して，言語学が言語に対してもつのと同じ関係をもつ」すなわち「音楽理論と実際の音楽との関係は，言語学と言語との関係と同じである」という意味になる。したがって正解はウとなる。ウの英文では **A is to B what C is to D.「AとBの関係はCとDの関係と同じ」** という表現が用いられており，これは受験生としては覚えておくべきもの。ここではAにあたるのが Music theory「音楽理論」，Bにあたるのが actual music「実際の音楽」，Cにあたるのが linguistics「言語学」，Dにあたるのが language「言語」となっている。

問2

(A)

　in common で「共通に」という意味になる。have O in common「Oを共通にもつ，共通点がOである」という表現も覚えておこう。本文ではこれのOにあたる部分が疑問代名詞 what となって文頭に出ており，What do all languages have in common? で「すべての言語は何を共通にもっているのか」「すべての言語の共通点は何か」という意味になる。

(B)

選択肢訳
ア「（薬・酒などの）乱用者」　イ「**観察者**」　ウ「話者」　エ「使用者」

　(B)を含む¶5第⑥文 They are skilled, objective (B) rather than consumers of languages. は「彼らは言語の消費者というよりもむしろ，熟練した客観的な(B)なのである」という意味。ここでの They は¶5第④文の Linguists in the sense of linguistic experts「言語学の専門家という意味での linguists」である。その¶5第④文に Linguists in the ... fluent in languages「言語学の専門家という意味での linguists は，何

ヵ国語もすらすら話せる必要はない」とあり，続く第⑤文に It is more ... Istanbul or Berlin.「彼らにとっては，イスタンブールやベルリンで自分の言いたいことを理解してもらうよりも，トルコ語の音声システムやドイツ語の名詞といった言語現象を分析し，説明する方が重要なのである」とある。以上のことから「言語学の専門家という意味での **linguists**」は「言語をすらすら話し，自分の言いたいことを理解してもらう人」というよりもむしろ「言語を分析し説明する人」であることがわかる。空所にイ．observers「観察者」を入れると英文全体が They are skilled, objective observers rather than consumers of languages.「彼らは言語の消費者というよりもむしろ，熟練した客観的な観察者なのである」という意味になって文脈に合う。

問3

1 多くの人々は人間と動物を区別するのは何だと考えているか。
　ア「言語と抽象的な思考との密接な関係」（○）
　イ「言語の使用と言葉を組み立てる能力」（×）
　ウ「話し言葉の発達と基本的な音声構造」（×）
　エ「言葉の数と意思伝達の能力」（×）

　　¶2 第④文に Language and abstract ... beings from animals.「言語と抽象的思考は密接に関係しており，何よりもこの特徴が人間を動物と異なるものにしていると多くの人は考えている」とあることからアが正解。

2 多くの人々が言語の体系的な研究に注意を払うのはなぜか。
　ア「言語は人々の人格を変えることがあるから」（×）
　イ「もっと流暢に自分たちの言語を話すことを望んでいるから」（×）
　ウ「言語は音楽に似ていると考えているから」（×）
　エ「言語は人間の生活において非常に重要なものであるから」（○）

　　¶3 第②・③文に Because of its ... study of language.「人間の生活において言語は決定的に重要なので，もっと深く言語を研究する必要があると認識する心理学者，教師，コンピュータサイエンスの学者たちの数は毎年増えている。だから，近年最も急速に広がりつつある学問分野

のひとつが言語学，すなわち言語の体系的研究であるというのは驚くべきことではない」とあることからエが正解。疑問副詞の why を用いた理由を尋ねる疑問文に対する解答部分を本文から探す場合，理由を表す接続詞の because や，前置詞句の because of といった表現に目をつけると，対応部を探すヒントとなることを覚えておこう。

問 4
ア「linguists は，言語学の専門家だとみなされるには，数多くの言語を話さなければならない」（×）
イ「言語学の専門家という意味での linguists は，言語を流暢に話せるべきである」（×）
ウ「linguists は言語学の専門家と見なされるためには様々な言語に関する広範囲な経験を積まなければならない」（○）
エ「言語学の専門家という意味での linguists は，言語だけでなく音楽も研究すべきである」（×）

　¶5 第④文に Linguists in the ... types of languages.「言語学の専門家という意味での linguists は，何ヵ国語もすらすら話せる必要はない。もっとも，様々なタイプの言語に幅広く接した経験がなければならないが」とあることからウが正解。

問 5
選択肢訳
ア「言語と音楽の違い」
イ「私たちが用いる言葉の数」
ウ「今日の言語の使用法のいくつか」
エ「言語学入門」

　論理チャート参照。¶1～3 において，人間にとって言語が重要であり，そのため言語学の研究が盛んであることが述べられ，¶4 以降で言語学とは何か，また言語学者とはどのような人たちなのかが述べられている。以上のことからエが正解。

問6

[構造分析]

Most people spend an extremely large amount of their life ＜talking,
　　S　　　V　　　　　　　O
listening, and, ＜in advanced societies＞, reading and writing＞.

- spend O［時間］(in) *doing*「…するのに O［時間］を費やす」in はしばしば省略される。これの O にあたるのが an extremely large amount of their life「生活の非常に多くの部分」である。*doing* にあたるのが talking, listening, and, in advanced societies, reading and writing であり，talking と listening と in advanced societies, reading and writing の 3 つが and によって並列されている。最後の reading and writing は，これでひとつのものと考えることが重要で，決して，talking と listening と in advanced societies, reading と writing の 4 つが並列されていると考えないように気をつけよう。挿入されている副詞句 in advanced societies は後の reading and writing を修飾している。in advanced societies は and と reading and writing の間におかれているので，この副詞句は，and より前の talking や listening という動名詞を修飾することはできないことに注意しよう。talking「話したり」と listening「聞いたり」は音声言語のみで行えるので文字が発達していなくても可能だが，reading and writing「読んだり書いたり」は文字が必要なので，in advanced societies「進歩した社会では」という副詞句によって修飾されているのだと考えられる。

問7

¶5 第③文に The word 'linguist' is unsatisfactory「linguist という語ではあいまいなところが出てくる」とあり，直後の：（コロン）に続いて，it causes confusion, ... number of languages.「linguist という語は多くの言語を話す人という意味も表すので，混乱をまねくからである」とあって，これが理由となっている。したがって正解はこの部分を書けばよい。設問文で「根拠を述べよ」と指示されているので，文末を「…から。」と結ぶことを忘れないように。

■全訳■

¶1 ①ほとんどの人々は，話したり，聞いたり，そして進歩した社会では読んだり，書いたりすることに生活の非常に多くの部分を費やす。②通常の会話は1時間につき4,000ないしは5,000語使用する。③通常の速度で読書する人は1時間につき14,000ないしは15,000語を読む。④だから1時間おしゃべりして，1時間ラジオのトーク番組を聞いて，1時間読書すると，おそらくその時間に25,000語に出会うことになるだろう。

¶2 ①言語を使うことは，人間であることの不可欠な部分である。②世界中の子どもたちは，ほぼ同じ年齢で単語をつなぎ始め，言語発達において似たような道をたどる。③すべての言語は，それが南アメリカで見いだされたものであろうが，オーストラリアで見いだされたものであろうが，北極近くで見いだされたものであろうが，その基本構造において驚くほどよく似ている。④言語と抽象的思考は密接に関係しており，何よりもこの特徴が人間を動物と異なるものにしていると多くの人は考えている。

¶3 ①言語を適切に使えないことが人の社会的地位に影響を与えることがあるし，人の人格を変えてしまうことすらありえる。②人間の生活において言語は決定的に重要なので，もっと深く言語を研究する必要があると認識する心理学者，教師，コンピュータサイエンスの学者たちの数は毎年増えている。③だから，近年最も急速に広がりつつある学問分野のひとつが言語学，すなわち言語の体系的研究であるというのは驚くべきことではない。

¶4 ①言語学とは，「言語とは何か」と「言語はどのように機能するか」という基本的な問題に答えようとするものだ。②こうした問題の様々な側面，たとえば「すべての言語の共通点は何か」「人間の言語は動物のコミュニケーションとどう違うか」「子どもはどうやって話せるようになるのか」などの側面を，言語学は解明しようとする。

¶5 ①言語学を研究する人は，ふつう linguist と呼ばれる。②より正確な用語である linguistician はあまりにも発音が難しすぎるので，一般に受け入れられていない。③linguist という語ではあいまいなところが出てくる。linguist という語は多くの言語を話す人という意味も表すので，混乱をまねくのだ。④言語学の専門家という意味での linguists は，何ヵ国語もすらすら話せる必要はない。もっとも，様々なタイプの言語に幅広く接した経験がなければならないが。⑤彼らにとっては，イスタンブールやベルリンで自分の言いたいことを理解してもらうよりも，トルコ語の音声システムやドイツ語の名詞といった言語現象を分析し，説明する方が重要なのである。⑥彼らは言語の消費者というよりもむしろ，熟練した客観的な観察者なのである。

¶6 ①私たちのような言語学者を表す方の linguist は，音楽を学術的に研究する人にいくぶん似ている。②そのような人は実際にコンチェルトを演奏する必要はない。③音楽理論と実際の音楽との関係は，言語学と言語との関係と同じなのである。

■論理チャート■

¶1　ほとんどの人々は生活の多くの部分を言語使用に費やす
¶2　言語使用は人間の不可欠な部分
　　・世界中の子どもの言語発達の過程は似ている
　　・すべての言語はその基本構造において似ている
　　・言語と抽象的思考の密接な関係が人間と動物を区別する
¶3　人間生活において言語は非常に重要
　　　⇓　結果
　　言語学（＝言語の体系的研究）が盛んに
¶4　言語学＝言語に関する基本的な問題とその側面を解明する学問
¶5　言語学の専門家という意味での linguists は，様々なタイプの言語に幅広く接した経験がなければならないが言語をすらすら話せる必要はない。
　　　⇓
　　言語現象を分析し，説明することの方が重要
　　言語の消費者というよりもむしろ，熟練した客観的な観察者
¶6　音楽理論と実際の音楽との関係は，言語学と言語との関係と同じ

■100字要約■

言語は人間にとって重要なものなので言語学を研究する人は増えているが，言語学者は言語を流暢に話せる必要はなく，言語現象を分析し説明することの方が重要で，言語の消費者というよりむしろ観察者なのである。(98字)

■語句リスト■

¶1
- □**spend O *doing***　…して O を過ごす
- □**extremely**　極度に，とても
- □**a large amount of A**　大量の A
- □**advanced**　進歩した
- □**society**　社会
- □**conversation**　会話
- □**cover**　…を扱う，…を進む
- □**per**　…につき
- □**chat**　おしゃべりする
- □**possibly**　おそらく
- □**come in [into] contact with A**　A と接触する，A と出会う

¶ 2
- ☐ integral 不可欠な
- ☐ put together O / put O together O を組み立てる
- ☐ follow …の後をついて行く，…をたどる
- ☐ similar よく似た
- ☐ path 小道，道筋
- ☐ development 発達
- ☐ surprisingly 驚くほど
- ☐ basic 基本的な
- ☐ structure 構造

- ☐ the North Pole 北極
- ☐ abstract 抽象的な
- ☐ thought 思考
- ☐ closely 密接に
- ☐ be connected 結びついている
- ☐ characteristic 特徴
- ☐ above all とりわけ
- ☐ distinguish A from B A を B と区別する
- ☐ human beings 人間

¶ 3
- ☐ inability to *do* …できないこと
- ☐ adequately 適切に，十分に
- ☐ affect …に影響する
- ☐ status 地位
- ☐ alter …を変える
- ☐ personality 個性，人格
- ☐ crucial 決定的な，きわめて重要な
- ☐ increasing ますます増加する
- ☐ psychologist 心理学者

- ☐ realize …を認識する
- ☐ surprising 驚くべき
- ☐ recent 最近の
- ☐ fastest-expanding 最も急速に広がりつつある
- ☐ branch 枝，支流，部門
- ☐ knowledge 知識，学問
- ☐ linguistics 言語学
- ☐ systematic 体系的な

¶ 4
- ☐ various さまざまな
- ☐ aspect 側面
- ☐ in common 共通に

- ☐ differ from A A と異なる
- ☐ and so on …など

¶ 5
- ☐ refer to A as B A を B と言う
- ☐ linguist 言語学者
- ☐ accurate 正確な
- ☐ term 用語
- ☐ linguistician 言語学者
- ☐ much of a … たいした…
- ☐ tongue-twister 発音しにくいもの
- ☐ generally 一般に
- ☐ accepted 容認された
- ☐ unsatisfactory 満足でない
- ☐ cause …を引き起こす
- ☐ confusion 混乱
- ☐ in the sense of A A という意味で(の)
- ☐ expert 専門家
- ☐ fluent 流暢な

- ☐ analyze …を分析する
- ☐ explain …を説明する
- ☐ phenomena 現象
- ☐ Turkish トルコ語の
- ☐ German ドイツ語の
- ☐ noun 名詞
- ☐ make *oneself* understood 自分の言いたいことをわからせる
- ☐ Istanbul イスタンブール(トルコの都市)
- ☐ Berlin ベルリン（ドイツの首都）
- ☐ skilled 熟練した
- ☐ objective 客観的な
- ☐ observer 観察者
- ☐ A rather than B B というよりむしろ A
- ☐ consumer 消費者

¶ 6
- □ **academic** 学究的な
- □ **researcher** 研究者
- □ **actually** 実際に
- □ **concerto** 協奏曲，コンチェルト
- □ **theory** 理論
- □ **bear ... relation to A** Aと…な関係がある
- □ **actual** 実際の

▶問題は別冊 p.40

13

■解答■

問1　(1)　エ　　(2)　ウ　　問2　(A)　エ　　(B)　ウ
問3　1　ウ　　2　ウ　　3　エ　　問4　エ
問5　クモは丈夫なものを作らないということ。(19字)
問6　このネバネバの素材のせいで、虫はクモの巣に捕らえられた後で逃げるのが困難になるのだ。

配点と採点基準　50点満点

問1　(4点×2＝8点)
問2　(4点×2＝8点)
問3　(5点×3＝15点)
問4　(5点)
問5　(6点)
・¶1第②文の they do not make anything strong の部分が解答の箇所だとわかっていないものには点を与えない。
・they を「クモ」とせずに単に「それら」「彼ら」としているものは−2点。

問6　(8点)
・makes it difficult の it が形式目的語で、文末の for insects to escape after they are caught in the spider's web が真目的語であることがわかっていない⇨−4点
・insects が不定詞 to escape の意味上の主語だとわかっていない⇨−2点
・make が第5文型をとっており、S make it difficult で「Sは it（虫がクモの巣に捕らえられた後逃げること）を困難にする」、あるいはSを原因・理由と捉えて、it と difficult を「主語−述語」のように訳した「Sのせいで［Sによって］it（虫がクモの巣に捕らえられた後逃げること）は困難になる」という意味になることがわかっていない⇨−3点
・be caught in A「Aに捕らえられる」がわかっていない⇨−2点
・その他、単語の訳出ミス⇨各−1点

■**解説**■

問1

(1)

選択肢訳

ア「快適な」　　イ「競争的な」　　ウ「完全な」　　**エ「複雑な」**

　　complex は「複雑な」という意味の形容詞。最も近い意味の選択肢はエである。

(2)

選択肢訳

ア「…に加えて」　　　イ「…の方を好んで，…に賛成して」
ウ「…の代わりに」　　エ「…と一緒に」

　　in place of A は「A の代わりに」という意味。最も近い意味の選択肢はウである。ちなみに in place of A は直訳すると「A の場所において」という意味になるが，もともと A があったところで何かがなされることから「…の代わりに」という意味になることが類推可能である。このようにイディオムを構成している単語の直訳から意味が推測できる場合があることを知っておこう。また，下線部を含む¶5第⑥文における主語の It が前文の **material as strong as a spider's silk**「クモの絹糸と同じくらい強い素材」であることをおさえた上でこの英文の意味を考えた場合，ウを正解とすると，「それ（＝クモの絹糸と同じくらい丈夫な素材）がロープの代わりに使われることになるかもしれない」となって文意も通る。

問2

(A)

選択肢訳

ア「否定され」　　イ「隠され」　　ウ「失われ」　　**エ「測定され」**

　　あとの¶5第③・④文に「コガネグモの絹糸は人工の繊維よりも5倍丈夫であるとナイト氏は言う。彼はまた，1本の鉛筆の太さにしたクモの絹糸のロープは，水上で大型船を引くことができるかもしれないと推定している」という，クモの糸の強さの具体的な測定値が続くことから，空所に

エを入れるとこの英文が Its strength can be measured.「その強さは測ることができる」となって文意が通る。

(B)

<u>選択肢訳</u>
ア「…を保護する」　　イ「…を考える」
ウ「**…に害を与える**」　エ「…を保護する」

　直前の¶6第①文に Spider silk is a useful material.「クモの絹糸は役に立つ素材である」とあり，直後の第③文に It can be reused by spiders.「それはクモによって再利用できる」とあることから，ここでは Spider silk「クモの絹糸」のプラス面が述べられている文脈であることがわかる。ウ. harm「…に害を与える」を入れると英文全体が It does not harm the environment.「それは環境に害を及ぼさない」とプラスイメージの内容になって文脈に合う。

問3

1　クモの絹糸は，ナイト氏によると，＿＿＿＿＿。
　ア「概してロープと同じくらい重い」（×）
　イ「細くも強くもない」（×）
　ウ「**細いが非常に丈夫である**」（○）
　エ「非常に細いので切れやすい」（×）

　　¶3第①文に Mr. Knight says that silk is very thin, but extremely strong.「絹糸は非常に細いが，きわめて強いのだとナイト氏は言う」とあることからウが正解。

2　ナイト氏によれば，クモの絹糸の成分は＿＿＿＿＿である。
　ア「長い糸」（×）
　イ「人工繊維」（×）
　ウ「**タンパク質の分子**」（○）
　エ「小さい玉」（×）

　　¶3第③文に Mr. Knight says the silk is made from protein molecules.「絹糸はタンパク質の分子からできているとナイト氏は言う」

とあることからウが正解。

3　クモを容易に飼育することができないのは，＿＿＿＿＿＿からである。
　ア「クモはすべて人間にとって非常に有害である」（×）
　イ「クモはどんなエサを食べるのかが人間にはわからない」（×）
　ウ「クモが法律で保護されている」（×）
　エ「クモは狭いところに一緒にされると互いに攻撃し合う」（○）

　　¶6第⑤文にMr. Knight says it is because spiders can not be farmed.「それはクモを飼育することができないからだとナイト氏は言う」とあり，続いて第⑥文にHe says if ... eat each other.「彼が言うには，1つの場所にクモを一緒に入れると，互いに食べようとするとのことだ」とあることからエが正解。

問4

選択肢訳
　ア「8本脚のクモ」　　イ「クモの養殖場」
　ウ「クモと昆虫」　　　**エ「クモの絹糸」**

　　論理チャートにあるように，本文のテーマは¶1で示されており，全体を通して述べられているのはクモの絹糸の製造プロセスや素材についてである。したがって正解はエしかない。アの「8本脚」という表現は¶1に1回出てくるだけであるし，イの「養殖場」も¶6にしか対応しない。ウも¶4に対応するだけである。

問5

　　下線部を含む¶1第③文の冒頭に逆接を表す論理マーカーである副詞howeverしかしながら」があることから，前文の第②文と逆接関係になっていることがわかる。下線部のthisは，逆接関係にある第②文のthat以下の内容，すなわちthey do not make anything strong「クモは丈夫なものを作らない」を指していると考えると，

②「クモは丈夫なものを作らないと考えがちである」

⇕　しかしながら（逆接）

③「イギリスのオックスフォード大のある科学者が，クモは丈夫なものを作らないというのは事実ではないということを発見した」
となって文脈が通る。さらにその後に続く第④文 David Knight says ... as strong as rope.「8本脚のクモはロープと同じくらい強い絹糸という素材を生み出すのだと，デヴィッド＝ナイトは言う」とも論理的につながる。したがって第②文の they do not make anything strong の部分をまとめればよい。ただし they が spiders「クモ」を指すことを明示した上で解答すること。

　このように**指示語の内容説明問題において本文から抜き出す箇所にまた指示語が含まれている場合，さらにさかのぼってその指示内容を代入した上で解答する**のが鉄則である。

問6

構造分析

This sticky material makes　it　difficult [for insects to escape
　　　S　　　　　V　形式O　C　　　　　　　　　　真O
＜after they are caught ＜in the spider's web＞＞].
　　　S´　　V´

- This sticky material が S，makes が V，it が形式目的語，difficult が C，for insects to escape after they are caught in the spider's web が真目的語。
- make はここでは make O C で「O を C にする」という意味になる。
- for insects の for は，後の名詞が不定詞の意味上の主語であることを表す。よって，insects が不定詞 to escape の意味上の主語。
- after they are caught in the spider's web は escape を修飾する副詞節。after S V...で「S V...した後」という意味になる。they は insects を指す。
- 構造どおりに直訳すると「このネバネバの素材は，虫がクモの巣に捕われた後で逃げるのを困難にする」となるが，O の it（＝for insects to escape after they are caught in the spider's web）「虫がクモの巣に捕らわれた後で逃げること」と C の difficult「困難な」が意味上「主語－

述語」になっていることに着目して,「このネバネバの素材のせいで, 虫はクモの巣に捕らわれた後で逃げるのが困難になるのだ」のように, Sを原因・理由として処理して訳すと自然な日本語になる場合がある。

■全訳■

¶1 ①クモは非常に小さい。②だからクモは丈夫なものを作らないと考えがちである。③しかしながら、イギリスのオックスフォード大のある科学者が、これは事実ではないということを発見した。④8本脚のクモはロープと同じくらいの強さになる可能性のある絹糸という素材を生み出すのだと、デヴィッド=ナイトは言う。

¶2 ①ナイト氏はクモと、クモが作り出す自然の絹素材を何年も研究してきた。②彼の研究の主なテーマは、クモが絹糸を作るのに使う複雑な化学プロセスである。③ナイト氏の発見は最近イギリスの雑誌である『nature』誌に発表された。

¶3 ①絹糸は非常に細いが、きわめて強いのだとナイト氏は言う。②これは、絹糸が複雑な構造に作られているからである。③絹糸はタンパク質の分子からできているとナイト氏は言う。④それはクモの体の絹糸腺と呼ばれる部位で作り出される。⑤ここで作り出された絹糸は糸の切れはしの集まりのようなものである。⑥それは巻かれて小さな玉になっている。⑦クモが糸を作る、すなわち糸を吐きたいと思った時、クモは注意深くその玉をほぐしていく。⑧糸の切れはしはひとかたまりになっている。⑨クモが移動したい時、クモはすべての小さい絹糸の切れはしを1本の長い糸につなげる。⑩それからクモはその糸を伝って下方へ移動することができる。⑪クモはどこに行くにも、1本の絹糸を自分の後ろに吐くのである。

¶4 ①クモは7種類もの絹糸を作り、使うことができるとナイト氏は言う。②ある種類の絹糸をクモの巣を作るのに使い、そこで虫を罠にかけて捕らえる。③クモの巣の縦糸どうしをつなぐ横糸には別の伸縮性のある絹糸を使う。④そうしたつなぎの横糸は非常にネバネバする別の種の絹糸で覆われているのだとナイト氏は言う。⑤<u>このネバネバの素材のせいで、虫はクモの巣に捕らえられた後で逃げるのが困難になるのだ</u>。

¶5 ①クモの絹糸は虫を捕らえることができるほど丈夫である。②それがどれくらいの強さなのかは測定可能である。③コガネグモの絹糸は人工の繊維よりも5倍丈夫であるとナイト氏は言う。④彼はまた、1本の鉛筆の太さにしたクモの絹糸のロープは、水上で大型船を引くことができるかもしれないと推定している。⑤いつの日か人間はクモの絹糸と同じくらい丈夫な素材を作ることができるかもしれない、と彼は言う。⑥それがロープの代わりに使われることになるかもしれない。

¶6 ①クモの絹糸は役に立つ素材である。②それは環境に害を及ぼさない。③それはクモによって再利用できる。④だから人々は、なぜ産業利用のための絹糸を製造するのにクモを使うことができないのか不思議に思うかもしれない。⑤それはクモを飼育することができないからだとナイト氏は言う。⑥彼が言うには、1つの場所にクモを一緒に入れると、互いを食べようとするとのことだ。

■論理チャート■

¶1　クモは強い素材でできた絹糸を生み出す（テーマ）
¶2　ナイト氏がクモと，クモの作り出す絹糸を研究
　　　⇓
¶3　クモの絹糸の素材と製造プロセス
¶4　複数の種類の絹糸を作って使い分けるクモ
¶5　クモの絹糸の強さの具体的な測定
　　　⇓
¶6　絹糸が有益な素材であるにもかかわらず産業利用されない理由
　　＝クモの飼育が不可能

■100字要約■

クモの絹糸は，化学的プロセスを経て作られる複雑な構造の素材で，複数の種類があり，用途に応じて使い分けられている。絹糸は非常に強く，有益であるが，クモの飼育が困難であるため産業利用はなされていない。(98字)

■語句リスト■

¶1
- □spider　クモ
- □strong　強い
- □discover　…を発見する
- □true　事実の
- □eight-legged　8本脚の
- □create　…を作り出す
- □material　素材
- □silk　絹糸

¶2
- □produce　…を作り出す
- □subject　主題，テーマ
- □research　研究
- □complex　複雑な
- □chemical　化学的な
- □process　過程
- □findings　発見物
- □publish　…を出版する，…を発表する
- □recently　最近
- □British　英国の

¶ 3
- ☐ **thin** 細い
- ☐ **extremely** きわめて
- ☐ **thread** 糸
- ☐ **structure** 構造
- ☐ **protein** タンパク質
- ☐ **molecule** 分子
- ☐ **form** 発生する, でき上がる
- ☐ **string** 糸
- ☐ **roll** …を巻く
- ☐ **spin** …を紡ぐ, (クモなどが)…(糸)を吐く
- ☐ **unroll** …の巻きを解く
- ☐ **join** つながる, …をつなげる

¶ 4
- ☐ **web** クモの巣
- ☐ **trap** …をわなで捕える
- ☐ **insect** 虫
- ☐ **stretchy** 伸縮性のある
- ☐ **round** 円形の, 1周の
- ☐ **link** 輪, 連結
- ☐ **sticky** ネバネバする
- ☐ **escape** 逃れる

¶ 5
- ☐ **strength** 強さ
- ☐ **measure** …を測定する
- ☐ **fiber** 繊維
- ☐ **estimate that SV** SV…と推定する
- ☐ **thick** 太い
- ☐ **in place of A** Aの代わりに

¶ 6
- ☐ **useful** 役に立つ
- ☐ **harm** …を害する
- ☐ **environment** 環境
- ☐ **reuse** …を再利用する
- ☐ **wonder** …だろうかと思う
- ☐ **manufacture** …を製造する
- ☐ **industrial** 産業の
- ☐ **farm** …を農場で飼育する
- ☐ **each other** お互い

▶問題は別冊 p.43

14

■解答■

問1　イ　　問2　(1)　イ　　(2)　ウ　　問3　ア
問4　ア・エ　　問5　ア
問6　食習慣に関する限り，人間は物事を急いで行う方法を非常にうまく習得したのだ。
問7　スピード，効率，便利さを重視しすぎる現代社会の生活様式。(28字)

配点と採点基準　50点満点

問1　（5点）
問2　（5点×2＝10点）
問3　（5点）
問4　（5点×2＝10点）
問5　（5点）
問6　（8点）
- as regards A「Aに関しては，Aに関する限り」がわかっていない⇨ －2点
- human beings が S，have learned が V，how to do in a hurry が O の構造がわかっていない⇨ －4点
- how to do things「物事のやり方，物事をやる方法」がわかっていない⇨ －2点
- in a hurry「急いで」がわかっていない⇨ －2点
- その他，単語の訳出ミス⇨各－1点

問7　（7点）
- 直前の¶4第②文の modern society thinks too much of speed, efficiency and convenience の部分が該当箇所だとわかっていないものには点を与えない。
- 「速さ，スピード」，「効率」，「便利さ，利便性」，「重視しすぎる」，「生活様式，ライフスタイル」の5つのポイントが1つ欠けるごとに －2点。「現代社会」は解答に入っていなくても減点しない。

■解説■

問1

この英文の後半に，people thought that a lot could be achieved in a lifetime「一生のうちに多くのことを成し遂げることができると人々は考えた」とあることから（　A　）には more，（　B　）には less が入ると判断する。（　A　）に more，（　B　）に less が入ると，By doing more things in less time で「より短時間により多くのことをすることによって」という意味になり，後の「死ぬまでに多くのことを成し遂げることができる」という文脈につながるし，前後の文の流れにも合う。したがってイが正解。さらに第⑦文の by becoming speedier and more production「より速く，そしてより生産的になることによって」という表現にも符合する。このことからもイが正解となる。

問2

(1)

選択肢訳

ア「…を料理する」　　イ「…を手に入れる」
ウ「…を渡す」　　　　エ「…(食べ物など)を出す」

　　get *one's* hand on A で「A を手に入れる」という意味。この英文に続いて，このパラグラフ全体が，現代人のすばやく食べ物を「手に入れる」方法の具体例を述べていることもヒントになる。

(2)

選択肢訳

ア「…を分解した，…を解散した」　　イ「…を去った，…を残した」
ウ「**…を生み出した**」　　　　　　　エ「…を分割した」

　　give birth to A は「A を生み出す」という意味。正解はウ。

問3

選択肢訳

ア「…を食べる」　　　　イ「…を見つける」

ウ「…を知っている」　エ「…を学ぶ」

　　空所を含む¶3第②文の直後の第③文の主語 This「このこと」が，第②文の that 以下の内容を受けている点に留意した上で，この英文の内容を見てみよう。This means that ... your whole being.「これは，人が摂取する食べ物の質が人の全存在に深い影響を及ぼすということを意味している」とある。the food you take「人が摂取する食べ物」は what you eat「人が食べるもの」と同じ意味である。したがってアを正解とすると，第②文の that 以下が that you are what you eat.「人とは食べるものなのだ⇒人は食べるもの次第だ」という意味になって，これを具体的に説明してくれている第③文の内容と合う。

問4

ア「人がすばやく行動できるようになった理由の1つは，危険を避けるためであった」（○）

　　¶1第④文の The power to ... to escape danger.「速く走る能力は危険を逃れるのに非常に役に立った」に一致する。

イ「昔，人は夜に働く必要がなかったので，多くの自由時間を楽しむことができた」（×）

　　昔の人が夜に働く必要があったかどうかに関する記述はない。

ウ「現代社会の忙しい人々は，すばやく動く技能を昔の人々よりも速く習得しなければならない」（×）

　　¶1第①文に As civilization advanced, ... more and more.「文明が進歩するにつれ，スピードは人間がますます手に入れたいと望む技能であったように思われる」とあるが，現代社会の忙しい人の方がスピードの技能を「より速く習得しなければならない」とは述べられていない。さらに¶2第①文に in most developed ... hands on food「今日のほとんどの先進国では，食べ物を手に入れるためにそれほど速く，またそれほど遠くまで走る必要はない」とあることからも不適である。

エ「口に入れる食べ物の種類だけでなく，その食べ方もあなたの生活に大きな影響を及ぼす」（○）

　　¶3第③文に the quality of ... your whole being「人が摂取する食べ物

の質が人の全存在に深い影響を及ぼす」とあり，さらに続く第④文に The way you ... be equally important.「実際の食べ物の摂り方も同じくらい重要だと言われている」とあることから，本文に一致する。

オ「スローフードは，イタリア人の料理や食事のしかたの愛好家によって始められた」(×)

¶3第⑥文に The idea that ... Italy in 1986.「人々は注意深く，そしてゆっくりと食事をすることによって食べ物の価値を正しく認識すべきだという考えが，1986年イタリアの小さな町で『スローフード』という名の新しい団体を生んだ」とあるのみ。「イタリア人の料理や食事のしかたの愛好家」によって始められたとは書かれていない。

問5

論理チャートにあるように¶1および¶2において，人類が速さを追求し，それが食習慣においても達成されていることが述べられている。そして¶3および¶4において，食習慣が人に及ぼす影響への意識から生まれたスローフード運動について述べられている。以上の内容からアのタイトルが最も適切。イは¶2にしか対応しないし，ウは¶1にしか対応しない。エのファーストフードについては¶2第⑤・⑥文で述べられているのみで，さらに「様々な問題点」に関しては特に述べられていない。

問6

構造分析

\<as regards eating habits\>, human beings have learned \<very well\> [how to do things \<in a hurry\>]

(S = human beings, V = have learned, O = how to do things)

- as regards A「Aに関しては，Aに関する限り」（副詞句）
- have learned「…を習得した」の目的語は how to do things in a hurry「物事を急いでやる方法」である。VとOの間に副詞句の very well「非常にうまく」が割り込んだ形。
- how to *do*「…する方法，…のしかた」
- in a hurry「急いで」

問7

　下線部 such a lifestyle「そのような生き方」の such は一種の指示語であるから，この下線より前の箇所に答えを探すのが原則。この下線の部分を主語とする英文の述部の意味を確認しておくと，can lead us … all of life「食べ物を与えてくれ，命のすべてを維持してくれる自然界をいたわるといったような時間のかかることを私たちに怠らせることになりかねない」とある。ということは，**such a lifestyle「そのような生活様式」とは「時間のかかることをできなくさせる」可能性のある生活様式である**ということだ。その観点から下線の前の部分をさがすと，直前の¶4第②文に modern society thinks too much of speed, efficiency and convenience「現代社会はスピード，効率，便利さを重視しすぎだ」とあって，ここをまとめればよい。設問に合わせて「～生き方。」「～生活様式。」で文末を結ぶように心がけよう。

■全訳■

¶1　①文明が進歩するにつれ，スピードは人間がますます手に入れたいと望む技能であったように思われる。②このことには多くの理由があった。③大昔は，急激な動きができる能力は食べ物を獲得するのに必要だった。④速く走る能力は危険を逃れるのに非常に役に立った。⑤ひとつの仕事をすばやく仕上げることによって，人々は余暇の活動を楽しむ時間だけでなく他の問題を解決する時間をも得た。⑥より多くのことをより短い時間で行うことによって，一生のうちに多くのことを成し遂げることができると人々は考えた。⑦より速く，そしてより生産的になることによって，人生は自分自身にとっても他人にとっても価値あるものになるだろうと思ったのである。⑧だから今やスピードそのものが，社会で成功するには不可欠だと考えられる技能となってしまった。

¶2　①しかしながら，今日のほとんどの先進国では，食べ物を手に入れるためにそれほど速く，またそれほど遠くまで走る必要はない。②実際，食べ物が欲しいと思ってもほとんど動かない人もいる。③自宅のソファに座って電話をするだけで，玄関まですぐに配達してもらえる食べ物を注文することができる。④外食に行けば，食事ができる場所が簡単に見つかる。⑤店内に入ることさえせずに食べ物を手に入れることのできる場所がたくさんある。⑥ただ窓口まで行き，メニューからセットを選び，しばらく待って，お金を払い，そのまま車で走り抜けるだけだ。⑦そう，<u>食習慣に関する限り，人間は物事を急いで行う方法を非常にうまく習得したのだ。</u>

¶3　①たぶん，私たちは，物事をあまりにも速くできるようになりすぎてしまったのだ。②人は食べるもの次第だと言われる。③これは，人が摂取する食べ物の質が人の全存在に深い影響を及ぼすということを意味している。④実際の食べ物の摂り方も同じくらい重要だと言われている。⑤言い換えれば，健康的な食事は，義務であると同時にひとつの過程だとみなすべきなのだ。⑥人々は注意深く，そしてゆっくりと食

事をすることによって食べ物の価値を正しく認識すべきだという考えが，1986年イタリアの小さな町で「スローフード」という名の新しい団体を生んだ。⑦その団体は今や，50以上の国々に7万以上のメンバーをかかえており，このことは，スピードに重きを置いた生き方とは正反対の生き方をしてみたいと強く望んでいる人々が多いということを示すと思われる事実である。

¶4　①「スローフード」のメンバーは，伝統的な食事が次の世代に受け継がれるべき非常に貴重な文化の一部だと考えている。②現代社会はスピード，効率，便利さを重視しすぎだと彼らは言う。③そのような生き方のせいで，食べ物を与えてくれ，命のすべてを維持してくれる自然界をいたわるといったような時間のかかることを私たちが怠るようになりかねない。④「スローフード」のメンバーは，自然の贈り物をもっとゆっくりと享受することで健全な肉体に穏やかな精神を育むことができるということを私たちに教えてくれている。

■論理チャート■

¶1　文明が進歩するにつれ速さが不可欠に
¶2　食習慣において人間は速さを達成
¶3　食べ物の質と食べ方が人に与える深い影響への認識
　　　　⇩
　　「スローフード」団体の発足
　　＝速すぎる生活様式とは正反対の生き方を望む人が多いことの反映
¶4　「スローフード」の考え
　　・伝統的な食事＝伝えていくべき貴重な文化の一部
　　・自然の贈り物をゆっくりと楽しむことで健全な肉体に穏やかな精神を育む

■100字要約■

人間は速い生活様式を追求し，食習慣においてもそれを達成したのだが，食事の質と食べ方が人間に大きな影響を及ぼすという認識から，ゆったりとした健康的な生活様式を提唱するスローフードという団体が生まれた。（99字）

■語句リスト■

¶ 1
- civilization 文明
- advance 進歩する
- skill 技能
- be eager to *do* …したいと思う
- acquire …を得る，…を身につける
- ancient 古代の，大昔の
- ability 能力
- suddenly 急に
- obtain …を手に入れる
- useful 役に立つ
- escape …を逃れる
- danger 危険
- task 仕事
- quickly すばやく
- solve …を解決する
- A as well as B BのみならずA，Bと同様にA
- leisure activity 余暇の活動
- achieve …を成し遂げる
- lifetime 一生
- productive 生産的な
- rewarding 価値のある
- consider O to be C OをCだとみなす
- essential 不可欠な
- in order to *do* …するために
- succeed 成功する
- society 社会

¶ 2
- developed country 先進国
- get *one's* hands on A Aを手に入れる
- in fact 実際
- hardly ほとんど…ない
- deliver …を配達する
- meal 食事
- as regards A Aに関しては
- eating habit 食習慣
- human beings 人間
- in a hurry 急いで

¶ 3
- learn to *do* …できるようになる
- quality 質
- influence 影響
- whole すべての，全…
- being 存在
- actually 実際に
- equally 同様に
- healthy-dining 健康的な食事
- regard A as B AをBとみなす
- duty 義務
- process 過程
- appreciate …を正しく理解する
- give birth to A Aを産む
- organization 組織，団体
- seem to *do* …すると思われる
- indicate …を指し示す
- be keen to *do* …することを切望している
- opposite 正反対のもの

¶ 4
- **traditional** 伝統的な
- **precious** 貴重な
- **be handed down to A** A に伝えられる
- **generation** 世代
- **think much of A** A を重んじる
- **efficiency** 効率
- **convenience** 便利さ
- **lead O to** *do* O を…するよう仕向ける
- **neglect** …を無視する，…を怠る
- **matter** 事柄
- **take time** 時間がかかる
- **look after A** A の世話をする，A に気をつける
- **the natural world** 自然界
- **provide** …を与える
- **sustain** …を維持する
- **gift** 贈り物
- **nourish** …を養う
- **peaceful** 穏やかな

15

▶問題は別冊 p.46

■解答■

問1　(1) エ　(3) エ　　問2　(A) エ　(B) ア　(C) ウ
問3　(2) エ　(4) ウ　　問4　1 イ　2 イ
問5　暴力的なテレビゲームに接することの影響は，テレビや映画の暴力に接することの影響ほど広範囲には研究されていない。
問6　給料の高い科学技術関係の職を得る機会。(19字)

配点と採点基準　50点満点

問1　（3点×2＝6点）
問2　（3点×3＝9点）
問3　（4点×2＝8点）
問4　（4点×2＝8点）
問5　（13点）
- The impact が S，has not been studied が V，as extensively … movie violence が副詞句の基本構造が取れていない⇨－5点
- of exposure to violent video games が The impact を修飾する形容詞句であることがわかっていない⇨－2点
- exposure to A が「Aに接すること，Aにさらされること」という意味を表し，そのAにあたるのが violent video games「暴力的なテレビゲーム」であることがわかっていない⇨－2点
- has not been studied の not と as extensively as の as … as で not as … as A「Aほど…でない」という表現になっており，そのAにあたるのが the impact (of exposure to TV or movie violence)「（テレビや映画の暴力に接することの）影響」であることがわかっていない⇨－2点
- of exposure to TV or movie violence が the impact を修飾する形容詞句であることがわかっていない⇨－2点
- exposure to A「Aに接すること，Aにさらされること」のAにあたるのが TV or movie violence「テレビや映画の暴力」であることがわかっていない⇨－2点
- その他，単語の訳出ミス⇨各－1点

問6　（6点）

- ¶3 第③文の opportunities in high-paying tech careers「給料の高い科学技術の職を得る機会」の部分が解答箇所であるとわかっていないものには点を与えない。
- 「給料の高い」「科学技術の」「職を得る」の3つのポイントが1つ欠けるごとに－2点。
- 「～機会。」「～こと。」のように名詞止めになっていないもの⇨－2点

■解説■

問1

(1)

選択肢訳

ア「助けられる」　イ「選出される」
ウ「助けられる」　エ「好まれる」

　favor はここでは「…を好む」という意味の他動詞。(1)favored は過去分詞で、(1)favored by males は直前の those を修飾する形容詞句として働いている。those は those games＝the video games のこと。したがって particularly those (1)favored by males で「特に男性によって好まれるゲーム」という意味になる。正解はエである。the violent content of those games, particularly those (1)favored by males までがこの英文の主部であり、is 以下が述部である。(1)favored をエ．preferred と同じ意味だとすると英文の意味が「それらのゲーム、特に男性に好まれるゲームの暴力的な内容は、家族や学校や政策立案者にとってますます悩みの種になっている」となって文意も通る。またイ．elected の原形 elect は、原則として「（人を選挙などで）選ぶ」という意味だからここでは不適。またア．assisted とウ．helped はほぼ同意なので、解答が2つになってしまうことから共に正解ではないと推測できる。

(3)

選択肢訳

ア「…を活性化した」　イ「…を借りた」
ウ「…を計算した」　　エ「…を生み出した」

　generate は「…を生み出す」という意味の他動詞。正解はエである。generate を知らなかったとしたら文脈から推測しよう。まず they

(3)generated $6 billion in 2000 and $11 billion by 2003.という英文の下線部以外の部分の意味は，「テレビゲームは2000年に60億ドルを，そして2003年までに110億ドルを generate した」となる。「テレビゲーム」が主語で「60億ドル」「110億ドル」といった金額を表す語句が目的語という文脈にあう動詞といえばエしかない。

問2

(A)

選択肢訳

ア．because S′V′... 「S′V′…なので」（because は接続詞）
イ．despite A 「Aにもかかわらず」（despite は前置詞）
ウ．「それにもかかわらず」（nevertheless は副詞）
エ．while S′V′... 「S′V′…だが（一方）」（while は接続詞）

　まず（　A　）の後に television viewing is passive という第2文型（television viewing が S，is が V，passive が C）の完全な節が続いていることに注意。（　A　）には，Gaming is interactive「ゲーム遊びは相互作用的である」という英文と，television viewing is passive「テレビの視聴は受動的である」という英文をつなぐ接続詞が入らなければならない。したがって前置詞であるイ．despite と副詞であるウ．nevertheless は不可。次に（　A　）が接続する2つの英文，**Gaming is interactive「ゲーム遊びは相互作用的である」と television viewing is passive「テレビの視聴は受動的である」の内容から，明らかにゲームとテレビは対比関係にある**。接続詞の選択肢であるアとエのうち，「対比・逆接」を表す論理マーカーとしての機能をもつ接続詞は，エである。アの because は，because 以下が「根拠・理由」，主節が「結論」という論理関係になるのでここでは文脈上選べない。

(B)

選択肢訳

ア「攻撃的な」　イ「協力的な」
ウ「教育的な」　エ「効果的な」

　　physically（　B　）behavior「物理的に（　B　）な行動」の直後の

such as hitting, kicking, and pulling clothes or hair「殴ったり蹴ったり服や髪を引っ張ったりするような」に着目しよう。**such as は，'A such as B' または 'such A as B' の形で「B のような A，A たとえば B」という意味を表し，B が A の具体例であるという関係が成立する**。この場合，physically (B) behavior「物理的に (B) な行動」の具体例が hitting, kicking, and pulling clothes or hair「殴ったり蹴ったり服や髪を引っ張ったりすること」ということになる。「殴ったり蹴ったり服や髪を引っ張ったりすること」とは，すなわち「物理的に攻撃的な行動」にほかならない。したがって正解はアとなる。

(C)

the impact on A で「A に与える影響」という意味になる。正解はウ．on となる。この A にあたるのが young people's behavior「若者の行動」であるが，本文ではこの the impact と on A にあたる on young people's behavior の間に of violent games が入り込んで，the impact of violent games on young people's behavior「暴力的なゲームが若者に与える影響」という形になっている点に注意。

問3

(2)

選択肢訳
ア「彼は彼女を昇進させようとしたが，委員会はそれに反対した」
イ「彼は大統領に，失業者援助のための新法の通過に努めるよう求めた」
ウ「彼女は，自分の新しい著作の販売促進のためテレビインタビューを受けた」
エ「その大使は平和を促進するために敵国に赴いた」

下線部を含む ¶4 第③文 If females do ... rather than aggression. は「ゲーム開発も含めて科学技術分野に女性がより深くかかわると，彼女たちは攻撃よりも協力を促進する，暴力性のより低いゲームを開発するかもしれない」という意味。**ここでの promote は「…(平和・健康など)を促進する」という意味**。最も近いのはエである。他の選択肢における promote の意味は，ア「…を昇進させる」，イ「…(法案など)の通過に努める」，ウ「…(新製品など)の販売促進を行う」。

(4)

選択肢訳
ア 「彼は秘書に会議のための部屋を予約するよう頼んだ」
イ 「彼女はその女性を自分の個人的な秘書として雇うことに決めた」
ウ 「その本は読者を何時間も確実に没頭させるものであった」
エ 「司令官は，兵士たちに敵との交戦を命じた」

　　下線部を含む¶5第③文 The emerging market ... behind the games. は「新たに登場しつつある市場は，女子をもっと念頭に置いて設計されたゲームに目を向けた市場であり，そうしたゲームは女子をより長い時間ゲームに没頭させ，ゲームの背後にある科学技術をさらに深く女子に研究させるものである」という意味。that (4)engage them for longer periods of time and force them to further investigate the technology behind the games は，designed more with girls in mind という形容詞句によって修飾されている名詞 games を先行詞とする関係代名詞節で，that が主格の関係代名詞。ここでの **engage** は「…を没頭させる」という意味の他動詞で，目的語の them は girls を指す。最も近いのはウである。他の選択肢における engage の意味は，それぞれア「…(部屋など)を予約する」，イ「…(人)を雇う」，エ「…(敵)と交戦する」となる。

問4

1　次の数値のうち，男子と比較して女子がテレビゲームをする時間の割合を最もよく表しているのはどれか。
ア 「およそ25%」（×）
イ 「およそ50%」（○）
ウ 「およそ100%」（×）
エ 「およそ200%」（×）

　　¶1第③文 boys spend about ... as girls do.「男子は女子のおよそ2倍の時間をゲームに費やしている」の内容からイが正解。「男子が女子の2倍＝女子は男子の2分の1」という数値変形に注意。

2 次のうち，テレビゲームの将来について述べられていないのはどれか。
   ア 「より教育的なゲームを創造すること」（○）
   イ 「子どもがゲームをするのに費やす時間を減らすこと」（×）
   ウ 「女子にゲーム用の科学技術について考えさせること」（○）
   エ 「もっと女性の市場をターゲットにすること」（○）

¶5第④文 The next frontier ... innovative teaching technologies.「次の開拓分野には，テレビゲームの科学技術を教育現場に移し，若者がゲームに魅了されていることを利用して，革新的な教育関係の科学技術に若者を関わらせる，といったことも含まれている」の内容にアが一致。¶5第③文 The emerging market ... behind the games.「新たに登場しつつある市場は，女子をもっと念頭に置いて設計されたゲームに目を向けた市場であり，そうしたゲームは女子をより長い時間ゲームに没頭させ，ゲームの背後にある科学技術をさらに深く研究させるものである」の内容にウとエが一致。イのみがテレビゲームの将来として本文で記述されていない。したがってイが正解。

問5

構造分析

The impact (of exposure (to violent video games)) has not been
　　S　　　　　　　　　　　　　　　　　　　　　　　　　　　　V
studied <as extensively as the impact (of exposure (to TV or movie violence))>

- The impact が S, has not been studied が V である。has not been studied は，受動態である be studied「研究される」の現在完了形を否定文にしたもの。
- of exposure to violent video games は The impact を修飾する形容詞句。
- exposure to A で「A に接すること，A にさらされること」という意味を表す。A にあたるのが前半では violent video games「暴力的なテレビゲーム」であり，後半では TV or movie violence「テレビや映画の暴力」である。

- has not been studied の not と as extensively as の as … as で not as … as A「Aほど…でない」という表現になっており，そのAにあたるのが the impact (of exposure to TV or movie violence)「(テレビや映画の暴力に接することの)影響」である。

問6

(い)these opportunities は「こうした機会」という意味。直前の¶3第③文 Electronic game playing … of Michigan State.「テレビゲームで遊ぶことは若者を科学技術にかかわらせ，そして給料の高い科学技術に関係する職を得る機会を切りひらく，とミシガン州立大学の情報工学教授ブラッドリー＝グリーンバーグが述べている」の中に下線部と同じ opportunities「機会」という語を用いた **opportunities in high-paying tech careers「給料の高い科学技術職を得る機会」**という表現があるので，この部分を抜き出せばよい。

■全訳■

¶1 ①今や若者はテレビを見ることよりもテレビゲームで遊ぶことの方により多くの時間を費やしている。②子どもが暴力に接することを心配する親や教育者にとって，これは必ずしもよいニュースではない。③5年生から大学生レベルまでの若者を対象とした，ミシガン州立大学の新しい研究によって，全員がテレビを見る時間と同じぐらいの，あるいはそれ以上の時間をテレビゲームをするのに費やしていること，および男子は女子のおよそ2倍の時間をゲームに費やしていることがわかった。④しかし，それらのゲーム，特に男性に好まれるゲームの暴力的な内容は，家族や学校や政策立案者にとってますます悩みの種になっている。⑤テレビの視聴は受動的である一方で，ゲーム遊びは相互作用的であるので，暴力的なゲームに接することが結果的に暴力行為につながるという危険性が高まるかもしれない，とアイオワ州立大学の心理学者クレイグ＝A.アンダーソンが率いる最近の研究が示唆している。

¶2 ①「(あ)暴力的なテレビゲームに接することの影響は，テレビや映画の暴力に接することの影響ほど広範囲には研究されていない」と研究者たちは記している。②「しかしながら，全体的に見て，今までのところテレビゲームに関して報告されている結果は，テレビや映画の暴力に関する調査で得られた結果と非常によく似ている」とも。③暴力的なテレビゲームで遊ぶことの影響の1つに，生理学的な興奮の高まりと，殴ったり蹴ったり服や髪を引っ張ったりするような物理的な攻撃行動の増加がある。④また，暴力的なテレビゲームに接している若者の間では助け合いの行動が減少することが研究によってわかっている。

¶3 ①ミシガン州立大学の研究によると，男性は，射撃，戦闘，スポーツ，アクション・アドベンチャー，ファンタジー・ロールプレイング，軍事戦略を含むアクショ

ン指向のテレビゲームを好む傾向がある。②女性は古典的なボードゲームや雑学クイズやパズルを好む。③テレビゲームで遊ぶことは若者を科学技術にかかわらせ，そして給料の高い科学技術に関係する職を得る機会を切りひらく，とミシガン州立大学の情報工学教授ブラッドリー=グリーンバーグが述べている。

¶4　①「男子はテレビゲームとコンピュータに取り組むのにより多くの時間を費やすので，こうした機会は男子にもたらされると信じられている」とグリーンバーグが言う。②「もし女子が早い年齢で科学技術にかかわると，おそらく科学技術への興味が仕事の世界へと続くだろう」③ゲーム開発も含めて科学技術分野に女性がより深くかかわると，彼女たちは攻撃よりも協力を促進する，暴力性のより低いゲームを開発するかもしれない。

¶5　①子どものいる米国の家庭の80％にテレビゲームがある。テレビゲームは2000年に60億ドルを売り上げ，そして2003年までに110億ドルを売り上げた。②「すべての徴候を見る限り，この産業は順調に成長し続けるだろう」とグリーンバーグは言う。③「新たに登場しつつある市場は，女子をもっと念頭に置いて設計されたゲームに目を向けた市場であり，そうしたゲームは女子をより長い時間ゲームに没頭させ，ゲームの背後にある科学技術をさらに深く女子に研究させるものである。④次の開拓分野には，テレビゲームの科学技術を教育現場に移し，若者がゲームに魅了されていることを利用して，革新的な教育関係の科学技術に若者をかかわらせる，といったことも含まれている」⑤しかしながら，そのような日が来るまでは，暴力的なゲームが若者の行動に与える影響に対していっそうの注意が必要である，とアンダーソンとその同僚たちは結論づけている。

■論理チャート■

¶1　若者はテレビよりテレビゲームの方により多くの時間を費やす
　　　⇩
　　テレビゲームの暴力的内容を親や教育者が心配
¶2　暴力的なテレビゲームの影響は，テレビや映画の暴力の影響に類似
¶3　テレビゲームは若者を科学技術にかかわらせ，その分野の高収入の職の機会を切りひらく
¶4　この機会はテレビゲームやコンピュータに接する時間の長い男子が得る
　　　⇩
　　女性が進出すれば，より暴力性の低いゲームが開発される可能性
¶5　テレビゲーム産業はこれからも上昇
　・女子をターゲットにした市場
　・教育の場で活用
　　　⇕　**however**「しかしながら（逆接）」
　　その日が来るまでは，暴力的なゲームの若者への影響について一層の注意が必要

■100字要約■

若者が好んで行うテレビゲームの暴力的内容が懸念されているが，それによって科学技術に触れられる利点もあり，今後女子をターゲットにした市場も見込まれている。しかし暴力的なゲームの影響は今後も検証すべきだ。(100字)

■語句リスト■

¶ 1
- **spend O *doing*** …してOを過ごす
- **educator** 教育者
- **be concerned with A** Aに関心がある
- **exposure to A** Aにさらされること
- **violence** 暴力
- **not necessarily** 必ずしも…でない
- **survey** 調査
- **youth** 青年期,若者
- **grade** 学年
- **twice as ... as〜** 〜の2倍…
- **violent** 暴力的な
- **content** 内容
- **particularly** 特に
- **favor** …を好む
- **male** 男性
- **growing** 増加する
- **concern** 心配,関心(事)
- **policy maker** 政策立案者
- **interactive** 相互作用的な
- **passive** 受動的な
- **risk** 危険
- **result in A** Aという結果に終わる
- **behavior** 行為
- **suggest** …を示唆する
- **recent** 最近の
- **psychologist** 心理学者

¶ 2
- **impact** 衝撃,影響
- **extensively** 広範囲に
- **researcher** 研究者
- **on the whole** 概して,全体から見て
- **result** 結果
- **be similar to A** Aによく似ている
- **obtain** …を手に入れる
- **investigation** 調査
- **effect** 影響
- **increase** 増加
- **physiological** 生理学的な
- **arousal** 奮起,興奮
- **physically** 物理的に
- **aggressive** 攻撃的な
- **reduction** 減少
- **helpful** 役に立つ,助けになる
- **be exposed to A** Aに接している,Aにさらされている

¶ 3
- **tend to *do*** …する傾向がある
- **prefer** …を好む
- **action-oriented** アクション指向の
- **involve** …を必ず含む,…に関係する
- **strategy** 戦略
- **according to A** Aによれば
- **female** 女性
- **classic** 古典的な
- **board game** (チェスなどの)ボードゲーム
- **trivia quiz** 雑学的知識をためすクイズ
- **be involved with A** Aに携わっている
- **technology** 科学技術
- **open up O / open O up** Oを切り開く
- **opportunity** 機会
- **high-paying** 給料の高い
- **note** …と書き留める
- **communications** 情報工学
- **professor** 教授

¶ 4

- electronic game　テレビゲーム
- It is likely that SV　たぶん SV…だろう
- interest　関心
- continue　続く
- field　分野
- including　…を含めて
- development　発達，開発
- create　…を作り出す
- promote　…を促進する
- cooperation　協力
- A rather than B　B よりむしろ A
- aggression　攻撃

¶ 5

- generate　…を生み出す
- billion　10億
- indication　暗示，徴候
- industry　産業
- continue to *do*　…し続ける
- rate　割合，速度
- emerging　新興の
- market　市場
- design　…を設計する
- with A in mind　A を念頭において
- engage　…を従事させる，…を没頭させる
- force O to *do*　O に…することを強制する
- investigate　…を調査する
- frontier　未開拓の分野
- transfer A to B　A を B に移す
- educational　教育的な
- setting　環境，設定
- fascination with A　A に魅了されていること
- innovative　革新的な
- awareness　意識，配慮
- colleague　同僚
- conclude　…と結論づける

16

▶問題は別冊 p.50

■解答■

問1　(A) イ　　(B) エ　　問2　(1) ウ　(2) ア
問3　1 ウ　　2 エ　　3 ウ　　4 ア
問4　ジーンズを買うこと。(10字)
問5　選択肢がたくさんあればあるほど，私たちは自分が下した決定をそれだけますます後悔するように思われる。

配点と採点基準　50点満点

問1　（3点×2＝6点）
問2　（4点×2＝8点）
問3　（5点×4＝20点）
問4　（6点）
- ¶7第③文の purchasing jeans が解答箇所だとわかっていないものには点を与えない。

問5　（10点）
- The more ..., the more〜 がいわゆる「the＋比較級，the＋比較級」構文だとわかって「…すればするほど，（それだけ）ますます〜」と訳せていない⇨－6点
- 前半の The more choices we have において we が S, have が V, more choices が O の構造がわかっていない⇨－3点
- 後半の the more we seem to regret the decisions we make において，we が S, seem to have が V, the decision が O, we make が the decisions を先行詞とする関係代名詞節という構造がわかっていない⇨－4点
- その他，単語の訳出ミス⇨各－1点

■解説■

問1

(A)

選択肢訳

ア「手短に言えば」　イ「その上」　ウ「幸運にも」　エ「その代わりに」

¶5第①文と空所を含む第②文の論理関係を考えよう。第①文に The trouble was that there was no such thing as "regular jeans" anymore.「困ったことに『レギュラージーンズ』のようなものはもうないのであった」とある。「困ったこと」すなわちマイナスイメージの内容が述べられている。次の第②文の空所以外の部分の意味は（　A　）, with all these options before me, I was no longer sure that I wanted "regular" ones.「（　A　），これらすべての選択肢を前にして，私は自分が『レギュラーの』ジーンズなるものを欲しいと思っているのかということに関してもはや確信がなかった」で，また別のマイナスイメージの内容が述べられている。マイナスの事柄に，さらに別のマイナスの事柄を追加しているわけだから，追加を表す論理マーカーであるイ．Besides「その上」が正解。

(B)

選択肢訳

ア「それにもかかわらず」　　イ「それにもかかわらず」
ウ「しかしながら」　　　　　エ「たとえば」

空所の直前の¶10第⑤文に Too many options can paralyze, not free you.「選択肢が多すぎると，自由な気分になるのではなく，茫然としてしまうことがある」とあり，空所を含む英文の内容は Studies show, (　B　), ... product at all.「店が棚に並べるチョコレートの種類を増やすにつれ，お客が商品を全く買わずに店を出る可能性が高まるということが研究によってわかっている」である。後の「店に並んだチョコレートの種類が多いと客が決められずに何も買わないで店を出る」という内容は，前の第⑤文の「選択肢が多すぎると茫然としてしまう」という内容の具体例となっている。したがって具体例を表す論理マーカーのエが正解。ア，イ，ウはすべて逆接の論理マーカーである。

問2

(1)

can not[never] … too〜「いくら…してもしすぎということはない」という表現は覚えておきたい。下線部はこの慣用表現が，「…がある」という意味を表すThere be 構文に用いられたもので，there can never be too much choice で「選択の自由はいくらたくさんあってもありすぎるということはない」という意味になる。最も近い意味のものはウとなる。この慣用表現を知らなかったとしても，このパラグラフ全体で選択肢が多いことの利点が指摘され，選択肢は多い方がよいと主張されていることを考えれば，ウの正解に迫れたのではないだろうか。

(2)

接続詞 as に，'A[形容詞・副詞・無冠詞名詞] as S V' という形で「S V A だが」という意味になる用法がある。'though S V A' と同じ。さらに sound が動詞として働き，**sound C**で「Cに聞こえる」という意味を表す点も重要。このCにあたるのが形容詞 convincing「人を納得させる，もっともらしい」である。以上のことを考えあわせると，下線部 Convincing as this might sound は「これはもっともらしく聞こえるかもしれないが」という意味になる。Though this might sound convincing と書き換えることができる。したがって正解はアとなる。

問3

1　筆者はふだん（　　　）を買う。
ア「ボロボロの新しいジーンズ」（×）
イ「最新流行の型の新しいジーンズ」（×）
ウ「古いのがボロボロになった時に新しいジーンズ」（○）
エ「『レギュラー』ジーンズよりもスリムフィットな新しいジーンズ」（×）

¶1 第②文に I tend to … my last purchase.「ボロボロになりかけるまでジーンズをはく傾向が私にはあるので，最後にジーンズを買ってからしばらく経ってしまっていた」とあることからウが正解。

2 筆者はジーンズショップで驚いたが，それは（　　　）からだ。
ア「彼の接客をした人がとても素敵で若かった」（×）
イ「そのショップに前がボタンのジーンズもチャックのジーンズもなかった」（×）
ウ「本当に好みのジーンズを1着見つけることができた」（×）
エ「非常に多種多様なジーンズの選択肢があった」（○）

　　¶3第①〜③文の"Do you want ... or a zipper?"「『ご希望のジーンズはスリムフィットですか，イージーフィットですか，それともリラックスフィットですか』と彼女は答えた。『新品に見えるタイプの方がよろしいですか，それとも着古した感じの方がよろしいですか。前はボタンのタイプがよろしいですか，それともチャックのタイプがよろしいですか』」という，店員の発言を受けて，次の¶4第①文でI was so shocked that I didn't know what to say.「私は驚いて何と言えばいいかわからなかった」とあるので，筆者が驚いた理由は明らかにジーンズの種類が多かったからである。したがって正解はエである。

3　非常に多種多様な選択肢があるということは（　　　）。
ア「経済学において認められていない」（×）
イ「民主主義社会においては取るに足らない価値のひとつである」（×）
ウ「思われているほどよいものではない」（○）
エ「ジーンズより携帯電話に関しての方が重要である」（×）

　　¶10から¶11にかけて，選択肢が多すぎると自分の決定を後悔し，満足感も減少することが述べられ，最後に¶11第⑤文でmore choice doesn't necessarily mean greater happiness「選択肢が多ければ多いほど幸福が増すということには必ずしもならないのだ」と結論づけられている。この論の具体例として提示されている¶1〜¶7のジーンズ購入のエピソードもこの考えを裏付けている。したがってウが正解。アは¶9第③文Economists tell us ... too much choice.「経済学者たちは，選択の自由はいくら多くても多すぎるということはないと語る」という内容に不一致。イは¶9第②文Choice equals freedom, ... dearly held values.「選択できるということは自由があるということであり，民主主義社会においては，自由は私たちが心から大切にしている価値観のひと

つである」という内容に不一致。エのような比較は本文のどこにもされていない。

4　本文によれば，多様性が増すことは（　　　）。
ア「より大きな幸福をもたらしてはくれない」（○）
イ「ふつうは人々をより幸福にする」（×）
ウ「人の持つ幸福になる能力を向上させるのに役立つ」（×）
エ「人々に自分の幸福を確信させる」（×）

　　本文のテーマを問う問題。**論理チャート**参照。¶9まででは選択肢が多いことの利点も述べられているが，それはあくまで筆者の譲歩にすぎず，逆接の論理マーカー however「しかしながら」のあと，¶10・11において，選択肢が多すぎると自分の決定を後悔し，満足感も減少するという筆者の主張が述べられ，最後に¶11第⑤文で more choice doesn't necessarily mean greater happiness「選択肢が多ければ多いほど幸福が増すということには必ずしもならないのだ」と結論づけられている。以上のことからアが正解。

問4

　　¶7第④文の意味は，Now, (あ)it has ... self-doubt and anxiety.「今やそれは，私が時間，エネルギー，そして相当の自己不信と不安を投入することを強いられる複雑な決定事項となってしまった」であり，主語の it は「今は時間を強いられるものになっている事柄」であるとわかる。そこで直前文の，purchasing jeans was a five-minute affair を見てみると，その意味は「昔はジーンズ購入は5分で済む事柄であった」という意味である。よって下線部の it は直前文の主語である動名詞句 purchasing jeans「ジーンズを購入すること」を指すと考えると，直前文と下線部を含む文との大意が「ジーンズを購入することは昔は時間がかからなかったが今は時間がかかる」となり意味が通る。ここでは現在と過去が対比されていると気づくことがポイントである。以上より正解は purchasing jeans，すなわち「**ジーンズを買うこと。（10字）**」となる。

問5

構造分析

<The more choices we have>, the more we seem to regret the decisions (we make).

（前半：O' S' V'　後半：S V、O S' V'）

- The more ..., the more ~ は，いわゆる「the＋比較級...，the＋比較級~」構文で，「…すればするほど，（それだけ）ますます~」という意味を表す。
- 前半の The more choices we have において前提となる英文は We have many choices.「私たちにはたくさんの選択肢がある」で，この many choices が the more choices となって文頭に移動したと考える。
- 後半の the more we seem to regret the decisions we make において前提となる英文は We seem to very much regret the decisions we make.「私たちは自分が下した決定をとても後悔するように思われる」で，この very much が the more となって文頭に移動したと考える。
- we make は the decisions を先行詞とする関係代名詞節で，the decisions と we make の間に目的格の関係代名詞 which もしくは that が省略されていると考える。

■全訳■

¶1　①昨年，ジーンズを1着買おうと店に行った。②ボロボロになりかけるまでジーンズをはく傾向が私にはあるので，最後にジーンズを買ってからしばらく経ってしまっていた。③素敵な若い女性店員が私に挨拶してきた。

¶2　①「ジーンズが1着欲しいんだけど。32－28のサイズね」と私は言った。

¶3　①「ご希望のジーンズはスリムフィットですか，イージーフィットですか，それともリラックスフィットですか」と彼女は答えた。②③「新品に見えるタイプの方がよろしいですか，それとも着古した感じの方がよろしいですか。前はボタンのタイプがよろしいですか，それともチャックのタイプがよろしいですか」

¶4　①私は驚いて何と言えばいいかわからなかった。②③やっと「レギュラージーンズが欲しいだけなんだ。ほら，昔からこれしかないってタイプのやつさ」みたいなことを言った。

¶5　①困ったことに「レギュラージーンズ」のようなものはもうないのであった。②その上，これらすべての選択肢を前にして，私は自分が「レギュラーの」ジーンズなるものを欲しいと思っているのかということに関してもはや確信がなかった。③ひ

ょっとするとイージーフィットもしくはリラックスフィットのほうが快適かもしれない。④そこで私はそれら全部を試着してみようと決心した。

¶6　①私が買ったジーンズは結局本当に快適だとわかったが，その日私の心に浮かんだのは，1着のジーンズを買うことが1日がかりの大仕事なんかであるべきではない，ということである。

¶7　①これらすべての選択肢を作り上げることで，業者は様々な好みと体型をもつお客の望みをかなえてくれているのだということに疑いはない。②しかしながら，それは新たな問題も生んだ。③昔は，私のような買い手は完璧にぴったりではないもので妥協せざるを得なかったのかもしれないが，少なくともジーンズ購入は5分で済む事柄であった。④今やそれは，私が時間，エネルギー，そして相当の自己不信と不安を投入することを強いられる複雑な決定事項となってしまった。

¶8　①ジーンズだけではない。45種類のパン，62種類の飲み物，83モデルの携帯電話と何十種類もの通話プラン。②まだまだある。③どこを向いても，莫大な数の選択肢に直面する。

¶9　①これだけのあらゆる選択肢があるということに関して良い面も明らかにある。②選択できるということは自由があるということであり，民主主義社会においては，自由は私たちが心から大切にしている価値観のひとつである。③経済学者たちは，選択の自由はいくら多くても多すぎるということはないと語る。④電話の種類を気にしないなら，いつでも簡単に無視できるのだから。⑤しかし，もし気にするのなら，いろいろな種類があるということはあなたが自分にぴったりの電話を見つけることができるはずだということを意味するのだ。

¶10　①しかしながら，これはもっともらしく聞こえるかもしれないが，この論理は誤りであるという証拠がますます増えている。②私たちの多くにとって，選択の自由が増すということは，満足感が減るということを意味する。③ある程度選択の自由がある方が良いという事実は，もっとたくさん選択の自由がある方が良いということを必ずしも意味しない。④犠牲を伴うのだ。⑤選択肢が多すぎると，自由な気分になるのではなく，茫然としてしまうことがある。⑥たとえば，店が棚に並べるチョコレートの種類を増やすにつれ，お客が商品を全く買わずに店を出る可能性が高まるということが研究によってわかっている。

¶11　①<u>選択肢がたくさんあればあるほど，私たちは自分が下した決定をそれだけますます後悔するように思われる</u>。②選択肢が多いとそれだけ私たちの期待も高まるようだ。③④だから私たちは思い悩むのである。「欲しいものが手に入ったのだろうか。別のを選んだほうがよかったんじゃないだろうか」と。⑤選択の自由がない人生など生きるに値しない，というのはもっともかもしれないが，選択肢が多ければ多いほど幸福が増すということには必ずしもならないのだ。

■論理チャート■

¶1〜¶7　（ジーンズ店での体験）
　　　　昨年新しいジーンズを買いに行った
　　　　⇨ジーンズの種類が多すぎて選ぶのに１日がかりであった
¶8　ジーンズ以外にも莫大な数の選択肢
　　　　（例）パン，飲み物，携帯電話等
¶9　選択肢が多い＝民主主義社会における大切な価値観である自由
　　　　⇕　**however**「しかしながら（逆接）」
¶10　選択肢が多い＝満足感の減少
¶11　選択肢が多いと自分の決定を後悔するようになる
　　　　⇨選択肢が多いほど幸福だとは限らない

■100字要約■

今日，ジーンズなどあらゆるものに莫大な数の選択肢がある。それは民主主義社会の大切な価値観である自由を意味するが，決定後の後悔，満足感の減少などにもつながる。選択肢が多いほど人は幸福になるとは限らない。（100字）

■語句リスト■

16
¶1
□**a pair of A**　１組のA
□**tend to** *do*　…する傾向がある
□**wear**　…を身につけている
□**fall apart**　バラバラになる，壊れる

□**while**　時間，間
□**purchase**　購入
□**greet**　…にあいさつをする

¶3
□**reply**　…と答える
□**worn**　着古した

□**button**　ボタン

¶4
□**finally**　最終的に
□**regular**　通常の

□**used to** *do*　（かつては）…したものだ

¶ 5
- □ **The trouble is that SV** 困ったことに SV…である
- □ **option** 選択権，選択肢
- □ **be sure that SV** SV…であると確信している
- □ **no longer** もはや…ない
- □ **comfortable** 快適な
- □ **decide to** *do* …することに決める

¶ 6
- □ **turn out to be A** 結局 A だとわかる
- □ **occur to A** A(の心)に浮かぶ
- □ **day-long** 終日の
- □ **project** 企画，事業

¶ 7
- □ **create** …を作り出す
- □ **industry** 産業(界)
- □ **undoubtedly** 確かに
- □ **do a favor for A** A の望みをかなえる
- □ **customer** 客
- □ **varied** 様々な
- □ **taste** 好み
- □ **in the past** 昔は
- □ **settle for A** A で我慢する
- □ **fit** 合い具合
- □ **at least** 少なくとも
- □ **purchase** …を購入する
- □ **affair** 業務，出来事
- □ **complex** 複雑な
- □ **decision** 決定
- □ **be forced to** *do* …するよう強いられる
- □ **invest** …を投資する
- □ **small amount of A** 少量の A
- □ **self-doubt** 自己不信
- □ **anxiety** 不安

¶ 8
- □ **mobile telephone** 携帯電話
- □ **dozens of A** 何十もの A
- □ **go on** 続く
- □ **face** …に直面する
- □ **huge** 莫大な
- □ **range** 範囲
- □ **choice** 選択肢

¶ 9
- □ **obvious** 明らかな
- □ **equal** …に等しい
- □ **democratic** 民主主義の
- □ **society** 社会
- □ **dearly** 愛情をもって，心から
- □ **value** 価値，(通例複数形で)価値観
- □ **economist** 経済学者
- □ **care about A** A に関心がある
- □ **variety** 多様性
- □ **ignore** …を無視する
- □ **mean** …を意味する
- □ **ought to** *do* …すべきである，…するはずだ
- □ **be right for A** A に適している

¶10
- convincing　人を納得させる, もっともらしい
- sound　…に聞こえる
- evidence　証拠
- logic　論理
- mistaken　誤った
- increase　…を増やす
- decrease　…を減らす
- satisfaction　満足
- not necessarily　必ずしも…でない
- cost　犠牲
- paralyze　…を麻痺させる
- free　…を自由にする
- shelf　棚
- shopper　買い物客
- be likely to *do*　たぶん…するであろう, …しそうである
- product　製品, 生産物
- not ... at all　まったく…でない

¶11
- seem to *do*　…すると思われる
- regret　…を後悔する
- raise　…を上げる
- expectation　期待
- wonder　…だろうかと思う
- alternative　選択肢
- be worth *doing*　…する価値がある

論理マーカー一覧

　センテンス同士やパラグラフ同士の論理関係を明確に表す語句のことを「**論理マーカー**」と呼びます。論理マーカーには「しかし，…だけれど」といった**逆接マーカー**，「例えば，…のような」といった**具体例マーカー**，「すなわち，言い換えると」といった**言い換えマーカー**，「さらに」や「一番目に…，二番目に…」といった**追加マーカー**や**列挙マーカー**，「だから，それゆえ」や「要するに」といった**因果マーカー**や**結論マーカー**があります。このような論理マーカーを意識すると，英文同士やパラグラフ同士の論理関係が明確に理解でき，英文を速く正確に読めるようになります。また，空所に論理マーカーそのものを入れる問題や論理マーカーをヒントにして解く問題が，実際の大学入試問題に出題されることも多いので，論理マーカーを意識して英文を読むことは，得点力を上げることにも非常に効果的です。
　以下に，論理マーカーの一覧を挙げておきますから，この機会に積極的に頭に入れていきましょう。

●対比・逆接マーカー一覧

　「一方…」といった対比マーカーは，前後の記述内容が対照的な意味になることを，「しかし…」「…だけれど」といった逆接マーカーは前後の記述内容が逆接関係になることを表します。

(1)　等位接続詞
＜逆接マーカー＞
　but「しかし」・**(and) yet**「しかし」

(2)　従属接続詞
＜対比マーカー＞
　while「一方…」・**whereas**「一方…」
＜逆接マーカー＞
　while「…だけれど」・**whereas**「…だけれど」・**although**「…だけれど」
　though「…だけれど」

(3)　副詞・副詞句
＜対比マーカー＞
　on the other hand「一方」・**in [by] contrast**「対照的に」
＜逆接マーカー＞
　however「しかしながら」・**though**「しかしながら」
　nevertheless「それにもかかわらず」・**nonetheless**「それにもかかわらず」
　on the contrary「その反対に」・**to the contrary**「その反対に」
　contrariwise「その反対に」・**conversely**「逆に」・**oppositely**「逆に」
　still「それでも」・**all the same**「それにもかかわらず」
　at the same time「けれども」

(4) 前置詞
＜対比マーカー＞
　in contrast to [with]「…とは対照的に」
＜逆接マーカー＞
　despite「…にもかかわらず」・**in spite of**「…にもかかわらず」
　with all「…にもかかわらず」・**for all**「…にもかかわらず」
　notwithstanding「…にもかかわらず」

●具体例マーカー一覧

「例えば」という意味を表す具体例マーカーは，前出内容に対してその具体例を挙げる際に用いるマーカーです。

(1) 副詞・副詞句
　for example「例えば」・**for instance**「例えば」・**say**「（挿入で用いて）例えば」

(2) 前置詞
　such as「…のような」・**like**「…のような」

●言い換え・類似マーカー一覧

「すなわち」「言い換えると」という意味の言い換えマーカーや，「同様に」という意味の類似マーカーはいずれも，前後の内容がイコール関係，または同種の内容であることを表すマーカーです。

(1) 副詞・副詞句
＜言い換えマーカー＞
　in other words「言い換えると」・**that is**「すなわち」・**that is to say**「すなわち」
　namely「すなわち」
　注：or も言い換えを表す場合がある。

(2) コロン（：）・ダッシュ（ー）
＜類似マーカー＞
　equally「同様に」・**similarly**「同様に」・**likewise**「同様に」
　in the same way「同様に」

●追加マーカー一覧

主に「さらに」とか「…もまた」という意味を表し,あるテーマに即した新しい情報を付け加える際に用いるマーカーです。理由や具体例を追加することがよくあります。

(1) 副詞・副詞句
　also「…もまた」・as well「…もまた」・too「…もまた」・besides「さらに」
　furthermore「さらに」・moreover「さらに」・additionally「さらに」
　what is more「さらに」・in addition「さらに」
　in addition to this「これに加えて」
　注:next「次には」・then「それから」・another「もう一つのもの・もう一つの…」　なども「追加マーカー」として働く場合がある。

(2) 前置詞
　besides「…に加えて」・in addition to「…に加えて」
　on (the) top of「…に加えて」

(3) 相関表現
　not only [simply / merely / just / solely] A but (also) B「AだけでなくBもまた」
　B as well as A「AだけでなくBもまた」

●列挙マーカー

「1番目に」,「2番目に」と関連事項を次々と列強する場合に用いるマーカーです。性質的には追加マーカーとよく似ています。

＜1番目＞
　first「第1に」・firstly「第1に」・in the first place「第1に」
　first of all「まず第1に」・above all「まずなによりも」
　to begin with「まず始めに」・to start with「まず始めに」
　in the beginning「まず始めに」

＜2番目＞
　second「第2に」・secondly「第2に」・in the second place「第2に」

＜最後＞
　last「最後に」・last of all「最後に」・finally「最後に」

●因果マーカー

　因果関係，すなわち原因と結果の論理関係を表すのがこのマーカーです。このマーカーはただ意味を覚えるだけではなく，どこの部分が原因でどこの部分が結果になるかを理解しておくことが必要になります。また様々な品詞や表現がありますから，うまく整理して覚えておくことが重要になってきます。

(1) 等位接続詞
　for「というのは…だからである」

(2) 従属接続詞
　because「…なので」・**since**「…なので」・**now (that)**「今や…なので」
　as「…なので」
　注：so ... that S V「非常に…なので～」，such ... that S V「非常に…なので～」…，so that S V「…，その結果～」も「因果関係」を表す場合があることに注意しよう。

(3) 前置詞
　because of「…のために」・**on account of**「…のために」・**due to**「…のために」
　owing to「…のために」・**as a result of**「…の結果として・…のために」

(4) 副詞・副詞句
　therefore「それゆえ」・**so**「だから」・**hence**「それゆえ」・**thus**「それゆえ」
　accordingly「したがって」・**consequently**「その結果」・**as a result**「その結果」
　as a consequence「その結果」・**in consequence**「その結果」

(5) 特殊表現
　This is why S V「だから…」（前文が原因で why 以下が結果）
　This is because S V「これは…だからだ」（前文が結果で because 以下が原因）

(6) 動詞を用いた因果関係
　A cause B ≒ A bring about B ≒ A lead to B ≒ A result in B ≒ A give rise to B
　「A（原因）が B（結果）を引き起こす」
　B result from A ≒ B be caused by A「B（結果）が A（原因）から生じる」
　A contribute to B「A（原因）が B（結果）の原因である」
　A be responsible for B「A（原因）が B（結果）の原因である」
　B be attributed to A「B（結果）は A（原因）が原因である」
　B be due to A「B（結果）は A（原因）が原因である」

●結論マーカー

前で述べた具体例などをまとめて結論を述べる際に用いるマーカーです。このマーカーの後には英文全体のテーマが述べられることが多いので，タイトル付け問題の正解を選ぶ際のヒントになるマーカーでもあります。

(1) 副詞句

in short「要するに」・**in a word**「要するに」・**in brief**「要するに」
after all「結局」・**to make a long story short**「要するに」
to sum up「要するに」・**to summarize**「要するに」
as a conclusion「要するに」・**in conclusion**「要するに」
to conclude「要するに」・**to put it briefly**「要するに」

河合塾
SERIES

やや易～標準
英語長文 出題パターン演習 1

別冊 **問題・英文全文**

河合出版

目次

1	(244words) ……………………	2	(英文全文………54)
2	(292words) ……………………	4	(英文全文………55)
3	(300words) ……………………	7	(英文全文………56)
4	(317words) ……………………	10	(英文全文………57)
5	(344words) ……………………	13	(英文全文………58)
6	(363words) ……………………	16	(英文全文………59)
7	(375words) ……………………	19	(英文全文………61)
8	(377words) ……………………	22	(英文全文………63)
9	(380words) ……………………	26	(英文全文………65)
10	(381words) ……………………	29	(英文全文………67)
11	(414words) ……………………	32	(英文全文………68)
12	(420words) ……………………	36	(英文全文………70)
13	(431words) ……………………	40	(英文全文………72)
14	(461woeds) ……………………	43	(英文全文………74)
15	(473words) ……………………	46	(英文全文………76)
16	(520words) ……………………	50	(英文全文………78)

◆「英文全文」で太字になっている語句は，本体「語句リスト」に掲載したものです。

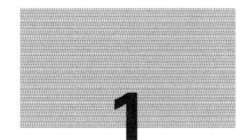

次の英文を読んで，設問に答えなさい。

¶1 ①A few years ago, while in New York City, a friend took me to a traditional Japanese restaurant, where I spent the entire evening worrying about my shoes. ②The manager had put them in a rack by the front door, and I wondered (A) they would still be there when I left. ③They were not particularly expensive shoes, (B) the possibility that someone might steal them — and that I would have to walk back to my hotel in my socks — bothered me a lot.

¶2 ①If you are Japanese, you very definitely won't have suffered like this. ②To you, removing shoes has to do with cleanliness and humility, and is an important part of tradition. ③To Westerners, however, having to (1)shed shoes can sometimes be risky. ④(あ)If you left them by the front door in some big-city restaurants I know, you might never see them again.

¶3 ①Anyway, while in the restaurant I made several excuses to go to the washroom — just so I could check to see if my shoes were still there. ②(い)They were, of course. ③"If a man wanted to steal a pair of shoes," my friend joked, "he would certainly take mine, not yours. My shoes are better!"

¶4 ①I then confessed the truth. ②What really bothered me about having to take off my shoes that evening was this: we were in an expensive Japanese restaurant in the heart of Manhattan, and I had a huge hole in my sock.

問1　空所（　A　）および（　B　）に入れるのに最も適当な語を，それぞれア～エの中から1つずつ選びなさい。
　　(A)　ア．on　　　イ．for　　　ウ．if　　　　　エ．that
　　(B)　ア．but　　　イ．for　　　ウ．nonetheless　エ．so

問2　下線部(1)の意味に最も近いものを，ア～エの中から1つ選びなさい。
　　ア．put on　　イ．shine up　　ウ．take off　　エ．wear out

問3　本文の内容と一致しないものを，次のア～カの中から2つ選びなさい。
　　ア．筆者は，ニューヨークの日本料理屋に入ったとき，靴を脱ぐことにとまどいを感じた。
　　イ．筆者は，なぜ日本人は靴を脱ぐ習慣があるのか理解できない。
　　ウ．筆者の靴は特に高級なものではない。
　　エ．筆者は，どのレストランでもすぐにトイレに行きたがる。
　　オ．筆者の友人は，自分の靴の方が良さそうだから筆者の靴は盗まれないよ，と冗談めかして言った。
　　カ．筆者が靴を脱ぎたくなかった本当の理由は，片方の靴下に大きな穴が空いていたからである。

問4　2つのthemが何を指すか明らかにしつつ，下線部(あ)を和訳しなさい。

問5　下線部(い)はどういうことを述べているのか。25字程度の日本語で具体的に述べなさい。ただし句読点も1字に数えます。

次の英文を読んで，設問に答えなさい。

¶1 ①There are many environmental problems in the world today. ②For example, the newspapers (A) us that every year the earth is becoming hotter and the world's forests are becoming smaller.

¶2 ①Pollution's effect on animals is not a very well-known problem, but it is certainly an important (1)one. ②One recent problem is the number of frogs born with only two or three legs. ③Some are born with (2)extra legs. ④Some have no eyes. ⑤Some have extra eyes on their backs or on their throats.

¶3 ①The first frogs with these problems were found in Minnesota, USA by some school children in 1995. ②The children had gone to a nearby pond to study nature and they saw many strange-looking frogs there. ③In fact, one-third of the frogs in the pond had serious problems. ④Since that time, people have found strange-looking frogs in Canada, Denmark, China, and Japan.

¶4 ①The health of frogs is important to watch because frogs live both on the land and in the water. ②As a result, frogs meet with many different kinds of pollution. ③Also, frogs have a special kind of skin, and it is easy for pollution to enter their bodies. ④For this reason, (あ)frogs become sick quickly. ⑤So by watching the health of frogs, we can guess at the future health of other animals, including humans.

¶5 ①(い)Although scientists are sure that more and more frogs have serious health problems, they can't agree on why frogs have these problems. ②Some scientists say it is because of pollution. ③(B) say that it is probably because of natural diseases and therefore not because of human beings.

¶ 6　①Scientists all over the world are studying this problem carefully. ②However, they believe that they still need about five years to find the cause of the problem.

問1　空所（　A　）および（　B　）に入れるのに最も適当な語を，それぞれア〜エの中から１つずつ選びなさい。
　　(A)　ア．speak　　　イ．say　　　ウ．talk　　　エ．tell
　　(B)　ア．Another　　イ．Other　　ウ．Others　　エ．The other

問2　下線部(1)が表すものとして最も適当なものを，ア〜エの中から１つ選びなさい。
　　ア．animal　　イ．effect　　ウ．pollution　　エ．problem

問3　下線部(2)の意味に最も近いものを，ア〜エの中から１つ選びなさい。
　　ア．additional　　イ．bare　　ウ．short　　エ．wounded

問4　本文の内容に一致する英文を完成させるのに最も適当なものを，それぞれア〜エの中から１つずつ選びなさい。
　1　The first frogs with serious problems were found by _____ .
　　ア．scientists in Minnesota, USA
　　イ．school children swimming in a pond
　　ウ．people in Canada, Denmark, China, and Japan
　　エ．school children studying nature in a pond

　2　The author mentions Canada, Denmark, China, and Japan in this passage to show that _____ .
　　ア．frogs often get sick in cold countries
　　イ．the earth is becoming hotter in many countries
　　ウ．school children study nature in many countries
　　エ．the USA is not the only country with these problems

3 The passage suggests that in order to find the cause of this problem, scientists need _____ .
ア．more money
イ．more frogs with serious health problems
ウ．more time
エ．more pollution

問5　本文のタイトルとして最も適当なものを，ア〜エの中から1つ選びなさい。
ア．The Health of Frogs and Its Meaning for Humans
イ．The Connection between Strange-Looking Frogs and Global Warming
ウ．Frogs Causing Pollution in Ponds
エ．Frogs Suffering from Natural Diseases

問6　下線部(あ)に frogs became sick quickly とあり，その理由として，カエルは水陸両方に生息し，多種多様な汚染物質を浴びるということが述べられているが，もう1つの理由として述べられていることを，40字以内の日本語で述べなさい。ただし句読点も1字に数えます。

問7　下線部(い)を和訳しなさい。

次の英文を読んで，設問に答えなさい。

¶1 ①If you want to enjoy your golden years, one of the best things you can do is to be active when you're still young. ②Getting plenty of exercise is like putting money into the bank. ③The (A) you start, the better off you will be later in life. ④Making exercise a regular habit also improves mental outlook and motivation. ⑤So let's start exercising now to enjoy a happy and active life, (1)no matter what age we are.

¶2 ①No one can deny that even with regular exercise, the body inevitably slows down somewhat as we age. ②However, it takes about six years for one's motor ability to lessen as opposed to only one year to raise it through regular physical activity. ③Experts in sports medicine stress that people who start exercising before age 40 can maintain their physical strength (B) a great extent as they age.

¶3 ①Today many seniors continue to play sports. ②Tournaments and competitions in which seniors challenge one another are quite common. ③(あ)What is amazing, however, is that seniors and middle-aged people are eager to compete equally with their younger colleagues! ④They are clamoring for tough competition because they are so energetic and dynamic that they want a real challenge.

¶4 ①A good example is (い)the "Grand Senior Championship" competition for dancers. ②All participants must be amateurs who are at least 55 years old. ③The championship was initially established by a group of retired dancers who thought that dancing could be more than something that was simply pleasant or mildly healthful. ④One 70-year-old dancer admits that he doesn't like to lose against dancers in their 50s. ⑤In other words, the younger and tougher the (2)competition is, the sweeter the victory!

¶5 ①Clearly, sports and physical activity are increasingly important in the lives of many middle-aged and aging people in Japan.

問1　空所（　A　）および（　B　）に入れるのに最も適当な語を，それぞれア〜エの中から1つずつ選びなさい。
　(A)　ア．quicker　　イ．earlier　　ウ．faster　　エ．swifter
　(B)　ア．by　　　　　イ．for　　　　ウ．to　　　　エ．with

問2　下線部(1)および(2)の意味に最も近いものを，それぞれア〜エの中から1つずつ選びなさい。
　(1)　ア．however old you are　　イ．while we are young
　　　ウ．because we age　　　　　エ．before we retire
　(2)　ア．contest　　イ．dance　　ウ．opponent　　エ．victim

問3　本文の内容にほぼ一致するものを，ア〜エの中から1つ選びなさい。
　　ア．規則正しい運動をしておけば，年老いても体力が衰えることはまったくない。
　　イ．高齢でも，精力的で活力があるため厳しい競技に挑戦する人がいる。
　　ウ．規則的な運動を通じて体力を上げるには，体力が衰えるより6倍の年月がかかる。
　　エ．高齢者どうしが競いあうトーナメントよりも，高齢者と中年が競いあうトーナメントの方が一般的である。

問4　本文のタイトルとして最も適当なものを，ア〜エの中から1つ選びなさい。
　　ア．Tough Sports for the Young
　　イ．Lifelong Exercise for Lifelong Health
　　ウ．Ups and Downs of Fighting Spirit
　　エ．Decline of Physical Capacities

問5　下線部(あ)を和訳しなさい。

問6　下線部(い)の競技会への参加資格を，20字程度の日本語で述べなさい。ただし句読点も1字に数えます。

次の英文を読んで，設問に答えなさい。

¶1 ①Anyone may become ill from stress if they experience a lot of worry over a long period and their health is not good. ②Stress can be a friend or an enemy. ③It can warn you that you are under too much pressure and should change your way of life. ④It can kill you if you don't notice the warning signals. ⑤Doctors agree that stress is probably the biggest single cause of illness in the western world.

¶2 ①When we are frightened and worried our bodies produce certain chemicals to help us fight what is (A) us. ②Unfortunately these chemicals produce the energy needed to run away fast from something we fear, and in modern life that's often impossible. ③If we don't use up these chemicals, or if we produce too many of them, they may actually harm us. ④The parts of the body that are the most affected by stress are the stomach, heart, skin, head and back. ⑤(あ)<u>Stress can cause car accidents, heart attacks, and alcoholism and may even cause people to kill themselves.</u>

¶3 ①Our living and working conditions may put us under stress. ②Overcrowding in large cities, traffic jams, (1)<u>competition</u> for jobs, uncertainty about the future, or any big change in our lives may be stressful. ③If you have changed jobs or moved house in recent months you are likely to feel bad due to stress. ④And more people kill themselves in times of (2)<u>economic crisis</u>.

¶4 ①How do you know when you are suffering (B) stress? ②A

very common danger signal is not being able to relax. ③"When you're taking work home, when you can't enjoy an evening with friends, when you don't have time to take a walk outside — that is the time to stop and ask yourself if your lifestyle is good for your health," says (2)one family doctor. ④"Then it's time to take it a little easier and learn how to relax."

問1　空所（　A　）および（　B　）に入れるのに最も適当な語を，それぞれア〜エの中から1つずつ選びなさい。
　　(A)　ア．helping　　イ．pleasing　　ウ．satisfying　　エ．troubling
　　(B)　ア．by　　　　イ．from　　　　ウ．of　　　　　　エ．to

問2　下線部(1)および(2)の意味に最も近いものを，それぞれア〜エの中から1つずつ選びなさい。
　　(1)ア．cooperation　イ．honesty　　ウ．rivalry　　　エ．relaxation
　　(2)ア．depression　　イ．illness　　　ウ．prosperity　　エ．war

問3　次の問いの答えとして最も適当なものを，それぞれア〜ウの中から1つずつ選びなさい。
　1　How can stress be a friend?
　　ア．It can warn you to change your way of life.
　　イ．It makes you take lots of medicine.
　　ウ．It makes you eat less

　2　What parts of the human body are most affected by stress?
　　ア．The face, arms, feet and hair.
　　イ．The stomach, heart, head, skin and back.
　　ウ．The brain, ears, teeth and ankles.

　3　When could stress really make one feel bad?
　　ア．When reading an exciting book.
　　イ．When changing homes or jobs.
　　ウ．When enjoying an evening with friends.

問4　本文のタイトルとしてもっとも適当なものを，ア～エの中から1つ選びなさい。
　　ア．About Chemicals　　　イ．About Friends
　　ウ．About Illness　　　　　エ．About Stress

問5　下線部(あ)を和訳しなさい。

問6　下線部(い)の意見によれば，自分の生き方が健康にとって良いかどうかを自問すべきなのはどのような時か。50字以内の日本語で具体的に述べなさい。ただし句読点も1字に数えます。

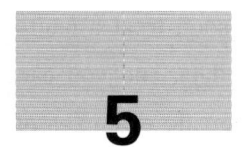

¶ 1 ①In an experiment some years ago, a group of scientists asked their student volunteers to wear special eyeglasses that inverted the image: the lenses turned everything upside down. ②For the first few days of the experiment, the students were stumbling around. ③They were bumping into desks, walking into corners as they changed classes, falling flat on their faces, and (A) having a difficult time. ④Because they knew how things really were, their brains rejected this new false data — at least at first.

¶ 2 ①Then something odd happened. ②After just a few days, the students began to accept their fictional, upside-down world as the real one. ③Their brains became accustomed to the distortion. ④They weren't even questioning that up was now down and down was now up. ⑤By the end of just one week, they were getting (B) perfectly fine.

¶ 3 ①"Hmm," said the researchers. ②They decided to (1)prolong the experiment for a full month. ③By the end of that month, the students reported that (あ)the eyeglasses no longer posed any problem at all. ④They said they considered their orientation close to normal. ⑤They could read and write almost (C) they had before the project; they could accurately measure distances; and they were even able to navigate long flights of stairs as smoothly as their "right-sighted" friends.

¶ 4 ①What this experiment suggests is that we will quickly adapt to our perceptions, even if we're looking at the world through a lens that completely distorts reality. ②(2)Given enough time, we soon treat a faulty perception as normal. ③(い)Provide people with enough data, and you can convince most people of anything. ④We have seen dramatic examples of this throughout history. ⑤People young and old, smart and stupid, sophisticated or not, have had their views, their realities, their values (3)altered by a flood of distorted data. ⑥People who once had a clear view of life, a strong sense of right and wrong, strongly held priorities and values, nonetheless begin to accept distortions as the truth. ⑦A perspective that is quite wrong starts to look right, often with tragic results.

問1　空所（　A　），（　B　）および（　C　）に入れるのに最も適当な語を，ア〜エの中から1つずつ選びなさい。
　　(A)　ア．hopefully　　イ．friendly　　ウ．hardly　　エ．generally
　　(B)　ア．up　　イ．to　　ウ．over　　エ．around
　　(C)　ア．as hard as　　　　　　　イ．as soon as
　　　　ウ．as easily as　　　　　　 エ．as often as

問2　下線部(1)および(3)の意味として最も適切なものを，それぞれア〜エの中から1つずつ選びなさい。
　　(1)ア．extend　　イ．investigate　　ウ．process　　エ．suspend
　　(3)ア．changed　　イ．confirmed　　ウ．conserved　　エ．corrected

問3　下線部(2)の英文を以下のようにほぼ同じ趣旨の英文に書き換えるとき，空所（　X　）および（　Y　）に入れるべき1語を，それぞれア〜カの中から1つずつ選びなさい。

　　We begin to (　X　) a perception which is fictional as real (　Y　) we are given enough time.

　　ア．have　　イ．and　　ウ．unless　　エ．regard
　　カ．if　　　キ．reject

問4　本文の内容にほぼ一致するものを，ア〜エの中から1つ選びなさい。
　　ア．After the experiment, the researchers came to the conclusion that it is next to impossible for people to adapt to fictional perceptions.
　　イ．At the first stage of the experiment, a few students had no difficulty at all managing the new environment created by the eyeglasses they wore.
　　ウ．Even a man with sound judgement can sometimes be misled by false data and forget how things really are.
　　エ．People with enough information are more likely to avoid danger in real life than those with less information.

問5　下線部(あ)はどのようなものか。20字以内の日本語で述べなさい。ただし句読点も1字に数えます。

問6　下線部(い)を和訳しなさい。

次の英文を読んで，設問に答えなさい。

¶ 1　①Viruses are extremely small organisms.　②They can enter your body at any time without your knowledge and make you sick.　③Computers can suffer from "viruses," too.　④They are not like the ones that invade the human body, of course, but there are some (　A　).　⑤Disease-causing viruses are unwanted organisms that can be transmitted through the air and can harm the body after entering it secretly.　⑥Their computer (あ)counterparts are really unwanted programs that travel through electronic media such as telephone lines, and they can harm a computer or the information stored in it after entering the device secretly.

¶ 2　①(い)A computer virus tells the computer to do something the computer's owner does not want it to do.　②For example, a virus could enter a bank's computer system.　③It might tell the system to destroy information about money belonging to everyone with the first name "John."　④Like an influenza that spreads from person to person, a computer virus spreads from one computer to another.

¶ 3　①A virus like this was created in the U.S. by a university student studying computer science.　②The computers affected by the virus were in major universities, government agencies and private companies.　③They were part of a United States Defense Department system.　④They were linked by telephone.　⑤The university student placed the virus commands in a computer at his school.　⑥The computer sent the (1)commands to other computers through linked telephone lines.　⑦The virus told each computer to make many copies of itself. ⑧Within a few minutes all the power of "(B)" computers was being used to make copies of the virus. ⑨The computers could do no other work. ⑩They finally slowed down greatly or simply stopped working.

¶ 4　①Experts (C).　②The problems that were caused could have been much worse.　③For example, the virus could have sent orders to destroy huge amounts of information stored in the computers.　④Better computer security is needed, but that is a problem.　⑤The affected system in America provides a free exchange of ideas and information among universities, private companies and government offices. ⑥Increasing security too much would destroy this exchange.　⑦It would slow (2)progress on many important research projects.

問1　空所（　A　）および（　B　）に入れるのに最も適当な語を，それぞれア〜エの中から1つずつ選びなさい。
　　(A)　ア．differences　　イ．disputes　　ウ．gaps　　エ．similarities
　　(B)　ア．fixed　　イ．improved　　ウ．infected　　エ．protected

問2　下線部(1)および(2)の意味に最も近いものを，それぞれア〜エの中から1つずつ選びなさい。
　　(1)ア．calculations　　イ．diseases　　ウ．instructions　　エ．weapons
　　(2)ア．advance　　イ．harm　　ウ．influence　　エ．profit

問3　次のア〜カの語（句）を並べかえて，空所（　C　）を完成させなさい。
　　Experts（ア．the virus／イ．many days／ウ．destroy／エ．spent／オ．trying／カ．to）．

問4　本文の内容にほぼ一致するものを，ア～エの中から2つ選びなさい。
　　ア．人間の体だけでなくコンピュータもウィルスの被害をこうむることがある。
　　イ．ウィルスは日本でコンピュータを研究する大学教員によって最初に造られた。
　　ウ．コンピュータのセキュリティを強化しすぎると情報交換に支障をきたすことがある。
　　エ．癌などと違い，コンピュータウィルス制圧の日は近いと考えられている。

問5　下線部(あ)は何を表しているか。適当な1語を本文から抜き出して英語で書きなさい。

問6　下線部(い)を和訳しなさい。

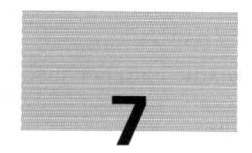

7

次の英文を読んで，設問に答えなさい。

¶ 1 ①More than half the species of plants and animals of the Earth live in the rainforests. ②We know about only a small number of these species. ③We could learn more, but we (A).

¶ 2 ①The peoples of the rainforests have always used plants to make medicines. ②Today, all over the world, people use medicines made from rainforest plants. ③Quinine[1], the medicine for malaria, comes from the cinchona[2] tree of Peru. ④The leaves of the rosy periwinkle[3] from Madagascar are used as a medicine for the deadly blood disease, leukaemia[4].

¶ 3 ①Many new medicines are waiting in the rainforests. ②If we destroy the forests, we shall never find (1)them.

¶ 4 ①(あ)Rainforest trees are used to make things which we use every day. ②Rubber, for example, is used to make many things. ③The fruits of many forest trees are good to eat — forest people have eaten them for thousands of years. ④Today, all over the world, people eat rainforest food plants; for example, coffee, tea, oranges, and rice. ⑤Maize[5], which is an important food for many people of the world, is another rainforest plant.

¶ 5 ①In 1970, a disease destroyed half the maize in the United States of America. ②Scientists began to look for new species of maize in the rainforests. ③In 1987, in the Mexican rainforest (2)they found a new species which is stronger than other species. ④But we nearly lost this new species of maize, because people were already cutting down that part of the Mexican rainforest.

¶ 6　①Nobody knows how many useful plants are already lost because people have destroyed many of the rainforests of the world.

¶ 7　①The trees of the rainforests help the Earth's air because their leaves use carbon dioxide and make oxygen, which we need to live.

¶ 8　①They are also important because they control some of the Earth's weather.　②Through their large leaves, they give out water vapour which makes heavy clouds.　③The clouds then move to other parts of the Earth and give rain.　④<u>The clouds</u> also protect the Earth from the sun.

¶ 9　①Today, the Earth is slowly getting hotter, and in some places changes in the weather are making life (　B　) difficult for millions of people.　②We need to learn more about the Earth's weather while we still have the rainforests.

　　注　quinine[1]：キニーネ（植物）　　cinchona[2]：キナノキ（植物）
　　　　periwinkle[3]：ツルニチニチソウ（植物）　　leukaemia[4]：白血病
　　　　maize[5]：トウモロコシ

問1　空所（　A　）および（　B　）に入れるのに最も適当な語を，それぞれア～エの中から1つずつ選びなさい。
　　(A)　ア．must hurry　　　　　　イ．must not hurry
　　　　ウ．don't have to hurry　　エ．may hurry
　　(B)　ア．more very　　　　　　イ．very more
　　　　ウ．much more　　　　　　エ．more much

問2　下線部(1)および(2)が表すものとして最も適当なものを，それぞれア～エの中から1つずつ選びなさい。
　　(1)ア．the forests　　　　　イ．rainforest trees
　　　　ウ．new medicines　　　エ．the leaves of the rosy periwinkle
　　(2)ア．the rainforests　　　イ．new species of maize
　　　　ウ．scientists　　　　　エ．forest people

問3　本文の内容に一致するものを，ア～カの中から2つ選びなさい。
　　ア．We know nothing about the plants and animals that live in the rainforests.
　　イ．The plants in the rainforests are used to make medicines.
　　ウ．Quinine, used as a medicine for leukaemia, comes from Peru.
　　エ．People all over the world have eaten the fruits of rainforest trees for thousands of years.
　　オ．Some of the Earth's weather patterns are dependent on the rainforest trees.
　　カ．The rainforest trees control the Earth's air by releasing carbon dioxide and oxygen.

問4　本文のタイトルとしてもっとも適当なものを，ア～エの中から1つ選びなさい。
　　ア．How We Can Save Rainforests
　　イ．Why Rainforests Are Important
　　ウ．What We Should Learn From The Earth's Weather
　　エ．Where New Medicines Are Found

問5　下線部(あ)を和訳しなさい。

問6　下線部(い)の The clouds（その雲）とは，どのようにしてできた雲か。本文に即して30字程度の日本語で述べなさい。ただし句読点も1字に数えます。

¶ 1　①"(あ)The more you learn, the more you earn," Americans often say. ②In the U.S.A., almost all jobs that pay well require some education or technical training beyond high school. ③A college education is not just preparation for a career, however. ④In addition to taking courses in their major field of study, students take elective courses[1]. ⑤They may take classes that help them understand more about people, nature, government, or the arts. ⑥Well-rounded people are likely to be better citizens, better parents, and more interesting and interested individuals.

¶ 2　①Although two-thirds of American high school graduates enter college, recent high school graduates no longer dominate the college campuses. ②Adults of all ages return to the classroom either for new work skills or for personal growth. ③In 1996, (A), almost 20% of American college students were over the age of 35. ④Some 500,000 college students are over 50.

¶ 3　①American faith in the value of education is exemplified by the rising number of Americans who have at least a bachelor's degree. ②Almost one-quarter of Americans over the age of 25 are college graduates. ③College attendance is not reserved for the wealthy and the academically talented. ④(い)It is available to anyone who wants to go. ⑤Right now, about 15 million students are taking advantage of the opportunity. ⑥(1)For those not academically prepared to handle college-level work, about 80% of undergraduate schools offer remedial classes[2] in reading, writing, and math.

¶4 ①The U.S.A. has about 3,700 institutions of higher learning. ②About 1,600 of these are two-year schools. ③More than 2,000 are four-year schools, many of which also have graduate programs[3]. ④With so many colleges to choose from, how do (B) students find the right one for their needs? ⑤Information about schools is easy to obtain from school guidance counselors, college guidebooks, public libraries, the Internet, and the schools themselves. ⑥Students can write for pamphlets and applications. ⑦Some schools even mail out videos. ⑧Students can also use computer programs that allow them to specify particular interests and print out a list of schools that fit their description. ⑨Most institutions of higher learning also have Web sites. ⑩(2)<u>Many schools send college representatives to high schools and two-year colleges to recruit students.</u> ⑪Finally, many students visit colleges, take tours of campuses, and talk to counselors.

注　elective courses[1]：選択科目　　remedial classes[2]：補習クラス

　　graduate programs[3]：大学院プログラム

問1　空所（ A ）および（ B ）に入れるのに最も適当な語を，それぞれア～エの中から1つずつ選びなさい。
(A) ア．for example　イ．however　ウ．in addition　エ．nevertheless
(B) ア．full-time　　イ．graduate　ウ．mature　　　エ．prospective

問2　下線部(1)の内容として最も適当なものを，ア～エの中から1つ選びなさい。
ア．About 80% of college graduates offer remedial classes because undergraduates cannot handle college-level work.
イ．About 80% of college students take remedial classes for their required courses.

ウ．About 80% of students cannot enter college with remedial classes.
エ．College students who cannot handle college-level work will be able to take remedial classes in about 80% of colleges.

問3　下線部(2)の内容として最も適当なものを，ア～エの中から1つ選びなさい。
ア．Many colleges seek new recruits to the clubs at the beginning of the semester.
イ．Many universities and junior colleges recruit teachers from high schools.
ウ．Many universities and junior colleges send their staff to recruit high school students.
エ．Many universities send their staff to junior colleges as well as high schools to recruit students.

問4　本文の第1段落の内容に合うものとして最も適当なものを，ア～エの中から1つ選びなさい。
ア．A college education is helpful in making well-balanced people.
イ．College students are only interested in courses in their major.
ウ．High school students can get technical training only if they want it.
エ．The only purpose of a college education is to get a good job.

問5　本文の第2段落の内容に合うものとして最も適当なものを，ア～エの中から1つ選びなさい。
ア．Adult students now outnumber students going directly to college from high school.
イ．Many more high school graduates are going to college these days.
ウ．Older people only go to college to improve their chances of getting employment.
エ．The number of older people entering colleges has grown.

問6　本文の第3段落の内容に合うものとして最も適当なものを，ア～エの中から1つ選びなさい。
　　ア．A college education is open to anyone.
　　イ．Almost 25% of Americans want to enter college.
　　ウ．Anyone who wants to go to college has a chance to become wealthy.
　　エ．Only the wealthy and the academically talented can go to college.

問7　本文の第4段落の内容に合うものとして最も適当なものを，ア～エの中から1つ選びなさい。
　　ア．It is easy for high school students to gather information about colleges.
　　イ．It is necessary to use computers to gather information about colleges.
　　ウ．Many colleges are not eager to recruit students.
　　エ．There are too many colleges and universities in the United States.

問8　下線部(あ)を和訳しなさい。

問9　下線部(い)の指す内容を10字程度の日本語で述べなさい。ただし句読点も1字に数えます。

9

次の英文を読んで，設問に答えなさい。

¶ 1 ①New technologies helped cities absorb the millions of people who (1)flocked there. ②For example, new technologies made possible the (2)construction of skyscrapers, buildings that looked tall enough to scrape the sky. ③Skyscrapers helped cities grow and made modern city life possible.

¶ 2 ①The elevator was a key invention for constructing tall buildings that could hold greater numbers of people. ②Before the 1860s, buildings rarely rose higher than four stories because it was hard for people to climb to the top. ③In 1889, the Otis Elevator Company installed the first electric elevator. ④Now buildings could be more than a few stories tall because people no longer had to walk up to the higher floors. ⑤ (A), buildings could hold more people.

¶ 3 ①The use of steel also helped to (B) the height of buildings. ②In 1885, the Home Insurance Building in Chicago boasted an iron and steel framework that could hold the enormous weight of the skyscraper's floors and walls. ③The building climbed to ten stories. ④Skyscrapers changed the view of the city forever.

¶ 4 ①(あ)As electricity helped change the way people traveled inside buildings, it also changed how people traveled around cities. ②Before industrialization, people walked or used horse-drawn vehicles to travel over land. ③But by 1900, electric streetcars in American cities were carrying more than 5 billion passengers a year. ④Streetcars and trains changed the walking city into the streetcar city.

¶ 5　①In 1888, Richmond, Virginia, became the first American (1)city to have a transportation system powered by electricity. ②Other cities soon installed their own electric streetcars. ③The streetcars could quickly carry people to work and play all over the city. ④Some cities, such as Chicago, moved their electric streetcars above the street level, creating elevated lines. ⑤Other cities, like New York, placed their city rail lines in underground tunnels, making subways.

¶ 6　①The streetcar city spread outward from the city's center in ways the walking city never could. ②The ability to live farther away from work helped new suburbs to develop around cities. ③Some people in the suburbs wanted to become part of the city they bordered. ④People also could be served by the city's transportation. ⑤Largely due to public transportation, cities (3)expanded. ⑥For example, in 1889, Chicago added several suburbs and more than doubled its population as well as its area.

問1　下線部(1), (2)および(3)の意味に最も近いものを、それぞれア～エの中から1つずつ選びなさい。
　　(1)ア．crowded　　イ．flew　　　ウ．were born　　エ．worked
　　(2)ア．building　　イ．design　　ウ．experiment　　エ．consideration
　　(3)ア．changed　　イ．renewed　　ウ．shrunk　　　　エ．spread

問2　空所（　A　）および（　B　）に入れるのに最も適当な語を、それぞれア～エの中から1つずつ選びなさい。
　　(A)　ア．As a result　　イ．For example
　　　　 ウ．However　　　　エ．On the other hand
　　(B)　ア．evaluate　　イ．increase　　ウ．measure　　エ．reduce

問3 本文の内容に一致する英文を完成させるのに最も適当なものを，それぞれア～エの中から1つずつ選びなさい。

1 Because a lot of very tall buildings were built, ＿＿＿＿ .
 ア．the average temperature became higher
 イ．it became hard to enjoy the sunshine in big cities
 ウ．urban communities became easier to develop
 エ．people began to argue that some regulations against erecting skyscrapers were necessary

2 The elevator finally ＿＿＿＿ .
 ア．enabled some people to carry their baggage into the second floor
 イ．enabled more people to stay in a building
 ウ．prevented crimes
 エ．prevented more people from having car accidents

3 After industrialization, more than ＿＿＿＿ in urban areas in the U.S.
 ア．5,000,000 people took streetcars every month
 イ．5,000,000 people took streetcars every year
 ウ．5,000,000,000 people took streetcars every month
 エ．5,000,000,000 people took streetcars every year

問4 本文のタイトルとして最も適当なものを，ア～エの中から1つ選びなさい。
 ア．New Technologies which Helped Develop Cities
 イ．How to Build Skyscrapers
 ウ．Electric Streetcars and Horses
 エ．The Use of Steel for Building Elevators

問5 下線部(あ)を和訳しなさい。

問6 下線部(い)によって表されているような種類の都市は何と呼ばれているか。2語からなる表現を本文中から英語のまま抜き出しなさい。

10

標準解答時間▶ 35分
語数▶ 381words

次の英文を読んで，設問に答えなさい。

¶1 ①Did you know that there are only a few differences between humans and animals? ②Whether you watch the family dog, an elephant in the zoo, or a mountain goat in the Andes, you'll see that they do essentially the same thing. ③They eat, sleep, seek shelter, and breed. ④Those are all instincts. ⑤That's what they live by. ⑥Their sole purpose is to survive. ⑦They react to chance happenings and are conditioned by their environment. ⑧That's why it's so easy to train them.

¶2 ①How are we different? ②We have the same body parts and functions. ③And we have the same basic needs, along with the instinct for survival. ④(あ)Like the animals, we react to what happens around us, and we allow ourselves to become conditioned by our environment. ⑤And whether we like to admit it or not, we're also easy to train. ⑥The only difference is that for us, it doesn't have to be that way. ⑦We have more than instincts. ⑧We have the ability to choose. ⑨That's what separates human beings (A) the animal world. ⑩And if we don't exercise that ability, then (1)we're no better off than animals. ⑪All we're doing is surviving. ⑫Instead of living, we're simply existing.

¶3 ①The starting point for a better life is discovering that we have choices. ②Sadly, many people never make (い)that discovery. ③They live in a country that offers a lot of freedom of choice, yet they live like prisoners, trapped by circumstances. ④I'm always amazed at some of the excuses people come up (B) for not taking advantage of life's opportunities to make new choices: not enough money, no time, wrong conditions, poor luck, (2)lousy weather, too tired, bad mood, and list goes on. ⑤But the truth is that they just don't see their choices. ⑥It's like being locked up somewhere and having a key in your pocket that'll set you free, but never using it simply because you don't know it's there.

¶ 4　①You have more choices than you ever dreamed possible.　②The key is knowing that they're there — every day of your life.　③We live by choice, not by chance.　④It isn't what happens that's most important.　⑤It's how we deal with what happens.　⑥It's what we choose to think and what we choose to do that are most important.

問1　下線部(1)および(2)の意味に最も近いものを，それぞれア〜エの中から1つずつ選びなさい。
　　(1)ア．we are not so well off as animals
　　　イ．animals are better off than we
　　　ウ．we are as badly off as animals
　　　エ．we are as well off as animals

　　(2)ア．terrible　　　イ．delightful　　　ウ．dry　　　エ．mild

問2　空所（　A　）および（　B　）に入れるのに最も適当な語を，それぞれア〜エの中から1つずつ選びなさい。
　　(A)　ア．for　　　イ．from　　　ウ．to　　　エ．with
　　(B)　ア．by　　　イ．from　　　ウ．on　　　エ．with

問3　次の問いの答えとして最も適当なものを，それぞれア〜ウの中から1つずつ選びなさい。
　1　What is the single purpose of animals?
　　ア．To eat and sleep.
　　イ．To have instincts.
　　ウ．To stay alive.

2　How many choices do you have?
　　ア．As many as your dreams.
　　イ．More than you could imagine.
　　ウ．More than most animals.

3　What two types of choices are most important?
　　ア．What to eat and what to wear.
　　イ．How we make important things and how much we earn.
　　ウ．What we think and how we act.

問4　本文のタイトルとして最も適当なものを，ア～ウの中から1つ選びなさい。
　ア．People Who Live Like Animals Have A Choice
　イ．We Have No Choice But To Be Like Animals
　ウ．Animals Don't Have Choices, But People Do

問5　下線部(あ)を和訳しなさい。

問6　下線部(い)の内容を20字以内の日本語で述べなさい。ただし句読点も1字に数えます。

11

標準解答時間 ▶ 35分
語数 ▶ 414words

▶解答・解説は本体 p.84

次の英文を読んで，設問に答えなさい。

¶ 1　①Family life in the United States is changing. ②About thirty years ago a housewife cleaned the house, cooked every family meal, and cared for the children. ③She was the most important person in the home. ④The father earned the money for the family. ⑤He usually worked outside the home all day long. ⑥He came home tired in the evening. ⑦So he did not see the children very much, except on weekends. ⑧His work at home was usually outside in the (1)yard. ⑨Cooking and cleaning were only women's work.

¶ 2　①These days, (A), many women work outside the home. ②They can't be at home with their children all day. ③They, too, come home tired in the evening. ④They do not want to spend the evening cooking dinner. ⑤They do not have time to clean the house or wash the clothes. ⑥So who is going to take care of the children now? ⑦Who is going to do the housework?

¶ 3　①Every family may have a different answer to (あ)these questions. ②(い)But usually the wife does not have to do all the work herself. ③Today she can get help with her children. ④One kind of help is the (2)day-care center. ⑤Then she is free to go to work during the day. ⑥Most children enjoy playing with toys and games, and with other children in these centers.

¶ 4　①When a woman works for a (3)company, the company may give the woman another kind of help. ②The company may allow her to work part-time. ③That way, she can earn some money, and she can also be with her children part of every day.

¶ 5　①A woman can get the most important help from her husband. ②Today many men share the housework with their wives. ③In these families the men clean the kitchen and wash the clothes. ④On some nights the wife cooks dinner. ⑤On other nights the husband does. ⑥They both go shopping and they clean the house together. ⑦The husband may also spend more time at home with the children. ⑧Some men may even stop working for a while or work only part-time. ⑨People call these men "house-husbands." ⑩In the United States more and more men are becoming house-husbands every year.

¶ 6　①These changes in the home mean changes in the family. ②Fathers can be (　B　) to their children because they are at home more. ③They can learn to understand their children better. ④Husbands and wives may also find changes in their marriage. ⑤They, too, may have a better understanding of each other.

問1　下線部(1), (2)および(3)の文中での意味に最も近いものを，それぞれア～エの中から1つずつ選びなさい。
　　(1) yard　　　　(2) day-care center　　　(3) company

　　ア．a large building with a number of shops in it
　　イ．a place where very young children are looked after
　　ウ．an area of land next to a house, usually covered with grass
　　エ．an organization that makes or sells goods or services

問2　空所（　A　）および（　B　）に入れるのに最も適当な語を，それぞれア～エの中から1つずつ選びなさい。
　　(A)　ア．as a result　　イ．for example　　ウ．however　　エ．therefore
　　(B)　ア．closer　　　　イ．colder　　　　ウ．odder　　　　エ．crueler

問3 本文の内容と一致するものを，それぞれア〜ウの中から1つずつ選びなさい。

1 Thirty years ago in America _____.
   ア．the father had enough time to play with his children
   イ．the father usually came home late so tired in the evening that he had very little time to be with his children
   ウ．the mother usually worked outside home to make some extra money

2 Today in America there are _____.
   ア．many men who prefer to stay unmarried because they know it is very difficult to find an ideal partner
   イ．many people who are very uncertain of their marriage because each of them can hardly agree on how to raise children
   ウ．many women working outside the home who have less time to spend with their family in the evening

3 There are more husbands who _____.
   ア．know that they should work harder and help their wives for fear of getting divorced
   イ．hate to work at home for their wives and children
   ウ．work together with their wives helping raise their children, doing the dishes and other housework

4 The changes mentioned in the last paragraph _____.
   ア．are important for the fathers to leave their wives and children
   イ．make it possible for the fathers to learn and understand their family better
   ウ．seem to have brought about serious damage to both the husband and the wife

問4　本文のタイトルとして最も適当なものを，ア～ウの中から1つ選びなさい。
　　ア．How The American People Have Solved Educational Problems
　　イ．How American Family Life Has Been Changing For The Last Thirty Years
　　ウ．Who Is The Most Successful Woman In America

問5　下線部(あ)が指している内容を25字程度の日本語で述べなさい。ただし句読点も1字に数えます。

問6　下線部(い)を和訳しなさい。

次の英文を読んで，設問に答えなさい。

¶ 1 ①(あ)<u>Most people spend an extremely large amount of their life talking, listening, and, in advanced societies, reading and writing</u>. ②Normal conversation uses 4,000 or 5,000 words an hour. ③A person reading at a normal speed covers 14,000 or 15,000 words per hour. ④So someone who chats for an hour, listens to a radio talk for an hour and reads for an hour possibly (1)<u>comes into contact with</u> 25,000 words in that time.

¶ 2 ①The use of language is an (2)<u>integral</u> part of being human. ②Children all over the world start putting words together at about the same age, and follow similar paths in their speech development. ③All languages are surprisingly similar in their basic structure, whether they are found in South America, Australia or near the North Pole. ④Language and abstract thought are closely connected, and many people think that this characteristic above all distinguishes human beings from animals.

¶ 3 ①An inability to use language adequately can affect people's status in society and may even alter their personality. ②Because of its crucial importance in human life, every year an increasing number of psychologists, teachers, and computer scientists realize that they need to study language more deeply. ③So it is not surprising that in recent years one of the fastest-expanding branches of knowledge has been linguistics, the systematic study of language.

¶ 4　①Linguistics tries to answer the basic questions 'What is language?' and 'How does language work?' ②It tries to find out the various aspects of these problems, such as 'What do all languages have (　A　) common?,' 'How does human language differ from animal communication?,' 'How does a child learn to speak?' and so on.

¶ 5　①A person who studies linguistic is usually referred to as a linguist. ②The more accurate term 'linguistician' is too much of a tongue-twister to become generally accepted. ③The word 'linguist' is unsatisfactory: it causes confusion, since it also refers to someone who speaks a large number of languages. ④Linguists in the sense of linguistic experts need not be fluent in languages, though they must have a wide experience of different types of languages. ⑤It is more important for them to analyze and explain linguistic phenomena such as the Turkish sound system, or German nouns, than to make themselves understood in Istanbul or Berlin. ⑥They are skilled, objective (　B　) rather than consumers of languages.

¶ 6　①Our type of linguist is rather similar to an academic researcher of music. ②Such a person need not actually play the concerto. ③(3)Music theory bears the same relation to actual music as linguistics does to language.

(Adapted from *Linguistics* by Jean Aitchison, 1999)

問1　下線部(1), (2)および(3)の意味に最も近いものを，それぞれア〜エの中から1つずつ選びなさい。
　　(1)ア．spends　　イ．meets　　ウ．writes　　エ．speaks
　　(2)ア．essential　イ．immoral　ウ．oppressed　エ．unacceptable
　　(3)ア．Music theory is as important as linguistics because actual music is closely related to language.
　　　イ．Music theory is similar to linguistics, though the former deals with actual music and the latter with language.

ウ．Music theory is to actual music what linguistics is to language.
エ．Music theory produces actual music as linguistics produces language.

問2　空所（　A　）および（　B　）に入れるのに最も適当な語を，それぞれア〜エの中から1つずつ選びなさい。
(A)　ア．at　　　　イ．for　　　　ウ．in　　　　エ．with
(B)　ア．abusers　イ．observers　ウ．speakers　エ．users

問3　次の問いの答えとして最も適当なものを，それぞれア〜ウの中から1つずつ選びなさい。

1　What do a lot of people think distinguishes human beings from animals?
　ア．The close connection of language with abstract thoughts.
　イ．The use of language and the ability to put words together.
　ウ．The speech development and the basic sound structure.
　エ．The number of words and the ability in communication.

2　Why do many people pay attention to the systematic study of languages?
　ア．Because language can alter their personality.
　イ．Because they want to speak their language more fluently.
　ウ．Because they think that language is similar to music.
　エ．Because language is crucially important in human life.

問4　linguists について述べられた次のア〜エの文の中から，本文の内容と一致するものを1つ選びなさい。
　ア．Linguists must speak a large number of languages to be considered linguistics experts.
　イ．Linguists in the sense of linguistics experts should be able to speak languages fluently.
　ウ．Linguists must have broad experience with various languages to be considered linguistics experts.

エ．Linguists in the sense of linguistics experts should study music as well as language.

問5　本文のタイトルとして最も適当なものを，ア〜ウの中から１つ選びなさい。
　　ア．The Difference Between Language And Music
　　イ．The Number Of Words We Use
　　ウ．Some Uses Of Language Today
　　エ．An Introduction To Linguistics

問6　下線部㈜を和訳しなさい。

問7　筆者は，言語学を研究する人に対してlinguistという語を用いるのは不十分だと述べているが，その根拠を次の書き出しに続けて日本語で述べなさい。続ける日本語は30字以内とし，句読点も１字に数えます。

　　linguistという語は＿＿＿＿＿＿＿＿＿＿＿＿＿＿＿＿＿＿＿＿＿＿＿。

次の英文を読んで，設問に答えなさい。

¶1 ①Spiders are very small. ②So it is easy to think that they do not make anything strong. ③However, a scientist at Oxford University in Britain has discovered (あ)this is not true. ④David Knight says that eight-legged spiders create a material called silk that could be as strong as rope.

¶2 ①Mr. Knight has been studying spiders and the natural silk material they produce for many years. ②The main subject of his research is the (1)complex chemical process that spiders use to make their silk. ③Mr. Knight's findings were published recently in the British magazine, *nature*.

¶3 ①Mr. Knight says that silk is very thin, but extremely strong. ②This is because the threads of silk are made into a complex structure. ③Mr. Knight says the silk is made from protein molecules. ④It forms in the parts of the spider's body called silk glands[1]. ⑤The silk is like pieces of string. ⑥It is rolled into small balls. ⑦When the spider wants to make, or spin, some silk, it carefully unrolls the balls. ⑧The pieces of string join together. ⑨When the spider wants to move, it joins all the small strings of silk into one long thread. ⑩Then it can move down the thread. ⑪Wherever a spider goes, it spins a silk thread behind itself.

¶4 ①Mr. Knight says that spiders can make and use as many as seven kinds of silk. ②It uses one kind of silk for making the structure of the spider's web — where it traps insects. ③It uses another stretchy silk for making round links in the web. ④Mr. Knight says those links are covered by another kind of silk that is very sticky. ⑤(い)This sticky material makes it difficult for insects to escape after they are caught in the spider's web.

¶ 5　①Spider silk is strong enough to catch insects.　②Its strength can be (　A　).　③Mr. Knight says the silk from an Orb web spider[2] is five times stronger than fiber made by man.　④He also estimates that a rope of spider silk as thick as one pencil could pull a large ship through the water.　⑤He says one day people may be able to make material as strong as a spider's silk.　⑥It could be used (2)in place of rope.

¶ 6　①Spider silk is a useful material.　②It does not (　B　) the environment.　③It can be reused by spiders.　④So people may wonder why they cannot use spiders to manufacture silk for industrial use.　⑤Mr. Knight says it is because spiders can not be farmed.　⑥He says if you put them in a room together, they will try to eat each other.

　　注　silk glands[1]：絹糸腺　　Orb web spider[2]：コガネグモ（クモの一種）

問1　下線部(1)および(2)の意味に最も近いものを，それぞれア〜エの中から1つずつ選びなさい。
　　(1)ア．comfortable　　　イ．competitive
　　　　ウ．complete　　　　エ．complicated
　　(2)ア．in addition to　　　イ．in favor of
　　　　ウ．instead of　　　　エ．in the company of

問2　空所（　A　）および（　B　）に入れるのに最も適当な語を，それぞれア〜エの中から1つずつ選びなさい。
　　(A)　ア．denied　　　イ．hidden　　　ウ．lost　　　エ．measured
　　(B)　ア．conserve　　イ．consider　　ウ．harm　　エ．protect

問3　本文の内容に一致する英文を完成させるのに最も適当なものを，それぞれア～エの中から1つずつ選びなさい。

1　Spider silk is, as Mr. Knight says, ＿＿＿＿．
　ア．generally as heavy as rope
　イ．neither thin nor strong
　ウ．very strong though it is thin
　エ．so thin that it is easy to break

2　According to Mr. Knight, the ingredients of spider silk are ＿＿＿＿．
　ア．long threads　　　　　イ．man-made fibers
　ウ．protein molecules　　　エ．small balls

3　Spiders cannot easily be raised because ＿＿＿＿．
　ア．all of them are very harmful to people
　イ．people don't know what food they eat
　ウ．they are protected by law
　エ．they attack one another if kept close together

問4　本文のタイトルとして最も適当なものを，ア～エの中から1つ選びなさい。
　ア．Eight-legged Spiders　　　イ．Spiders' Farm
　ウ．Spiders and Insects　　　　エ．Spider Silk

問5　下線部(あ)thisの指す内容を20字以内の日本語で述べなさい。ただし句読点も1字に数えます。

問6　下線部(い)を和訳しなさい。

14

標準解答時間▶ 35分
語数▶ 461words

▶解答・解説は本体 p.110

次の英文を読んで，設問に答えなさい。

¶1 ①As civilization advanced, it seems speed was a skill that humans were eager to acquire more and more. ②There were many reasons for this. ③In ancient times, the ability to move suddenly was needed for obtaining food. ④The power to run fast was quite useful to escape danger. ⑤By finishing one task quickly, people had time to solve other problems as well as time to enjoy leisure activities. ⑥By doing (A) things in (B) time, people thought that a lot could be achieved in a lifetime. ⑦They felt that by becoming speedier and more productive, life would be rewarding for themselves and others. ⑧So speed itself has now become a technique which is considered to be essential in order to succeed in society.

¶2 ①However, in most developed countries today, we need not run very fast or far to (1)get our hands on food. ②In fact, some people hardly move when they want food. ③By just using a telephone while sitting on a sofa at home, they can order food which is soon delivered to their door. ④If you go out to eat, you will easily find a place to take a meal at. ⑤There are many places where you can get food without even going inside. ⑥You just go to the window, choose a set from the menu, wait a few moments, pay for the food, and then drive through. ⑦Yes, (あ)as regards eating habits, human beings have learned very well how to do things in a hurry.

¶3 ①Maybe we have learned to do things too fast. ②It is said that you are what you (C). ③This means that the quality of the food you take has a deep influence on your whole being. ④The way you actually take food is said to be equally important. ⑤In other words, healthy-dining should be regarded as both a duty and a process. ⑥The idea that people should appreciate their food, by eating meals carefully and at a slow pace, (2)gave birth to a new organization called *Slow Food* in a small town in Italy in 1986. ⑦It now has over 70,000 members in more than fifty countries, a fact which seems to indicate that many people are keen to try the opposite of a speedy lifestyle.

¶ 4 ①*Slow Food* members regard traditional meals as a very precious part of culture that should be handed down to the next generation. ②They say modern society thinks too much of speed, efficiency and convenience. ③Such a lifestyle can lead us to neglect matters that take time, such as looking after the natural world which provides our food and sustains all of life. ④*Slow Food* members are telling us that, by enjoying nature's gifts at a slower pace, we can nourish a peaceful mind in a healthy body.

問1 空所（ A ）と（ B ）に入れるべき語の組み合わせとして最も適当なものを，次のア～エの中から1つ選びなさい。
　ア．(A) more　(B) more　　イ．(A) more　(B) less
　ウ．(A) less　(B) more　　エ．(A) less　(B) less

問2 下線部(1)および(2)の意味に最も近いものを，それぞれア～エの中から1つずつ選びなさい。
　(1)ア．cook　　イ．obtain　　ウ．pass　　エ．serve
　(2)ア．dissolved　イ．left　　ウ．produced　エ．divided

問3　空所（　C　）に入れるのに最も適当な語を，ア～エの中から1つ選びなさい。
　　ア．eat　　　　イ．find　　　　ウ．know　　　　エ．learn

問4　本文の内容に一致するものを，ア～オの中から2つ選びなさい。
　　ア．One reason why people learned to act quickly was to avoid danger.
　　イ．Long ago, people could enjoy much free time because they did not have to work at night.
　　ウ．Busy people in modern society must acquire the skill of speed faster than people of long ago.
　　エ．Not only the type of food you eat but also how you take it have a big impact on your life.
　　オ．Slow Food was started by people who like the way that Italian people cook and eat food.

問5　本文のタイトルとして最も適当なものを，ア～エの中から1つ選びなさい。
　　ア．速さ重視の生活様式への再考とスローフード運動
　　イ．先進国におけるスピードの追求とその効用
　　ウ．古代人の食料確保の方法
　　エ．現代社会におけるファーストフードの様々な問題点

問6　下線部(あ)を和訳しなさい。

問7　下線部(い)はどのような生活様式のことを指しているか。30字以内の日本語で述べなさい。ただし句読点も1字に数えます。

15

標準解答時間 ▶ 40分
語数 ▶ 473 words

次の英文を読んで，設問に答えなさい。

¶ 1 ①Young people are now spending more time playing video games than watching television. ②For parents and educators concerned with children's exposure to violence, this is not necessarily good news. ③A new Michigan State University survey of youths from grade five through university level found that all are spending as much or more time playing games as watching television, and that boys spend about twice as much time playing video games as girls do. ④But the violent content of those games, particularly those (1)favored by males, is of growing concern to families, schools, and policy makers. ⑤Gaming is interactive, (A) television viewing is passive, so the risk may be greater that exposure to violent games will result in violent behavior, suggests a recent study led by psychologist Craig A. Anderson of Iowa State University.

¶ 2 ①"(あ)The impact of exposure to violent video games has not been studied as extensively as the impact of exposure to TV or movie violence," the researchers write. ②"However, on the whole, the results reported for video games until now are very similar to those obtained in the investigations of TV and movie violence." ③Among the effects of violent game playing are increases in physiological arousal and physically (B) behavior, such as hitting, kicking, and pulling clothes or hair. ④Studies also have found a reduction in helpful behavior among youths exposed to violent video games.

¶ 3 ①Males tend to prefer action-oriented video games involving shooting, fighting, sports, action adventure, fantasy role-playing, and strategy, according to the Michigan State survey. ②Females prefer classic board games, trivia quizzes and puzzles. ③Electronic game playing gets young people involved with technologies and opens up opportunities in high-paying tech careers[1], notes communications professor Bradley Greenberg of Michigan State.

¶ 4　①"It is believed that (1)these opportunities go to boys because they spend more time working with electronic games and computers," says Greenberg. ②"If girls become more involved with technology at an early age, it is likely that the interest in technology will continue into the work world." ③If females do become more involved in technology fields, including game development, they may create less-violent games that (2)promote cooperation rather than aggression.

¶ 5　①Video games are in 80% of U.S. homes with children; they (3)generated $6 billion in 2000 and $11 billion by 2003. ②"All indications are that the industry will continue to grow at a healthy rate," says Greenberg. ③"The emerging market is for games designed more with girls in mind that (4)engage them for longer periods of time and force them to further investigate the technology behind the games. ④The next frontier involves transferring video-game technology to educational settings and using the young people's fascination with the games to involve them more with innovative teaching technologies." ⑤Until that day comes, however, more awareness is needed of the impact of violent games (C) young people's behavior, Anderson and his colleagues conclude.

　　注　tech careers[1]：科学技術に関連する職業

問 1　下線部(1)および(3)の意味に最も近いものを，それぞれア～エの中から1つずつ選びなさい。
(1)ア．assisted　　イ．elected　　ウ．helped　　エ．preferred
(3)ア．activated　　イ．borrowed　　ウ．figured　　エ．produced

問 2　空所（　A　），（　B　）および（　C　）に入れるのに最も適当な語を，それぞれア～エの中から1つずつ選びなさい。
(A)　ア．because　　イ．despite　　ウ．nevertheless　　エ．while
(B)　ア．aggressive　　イ．cooperative　　ウ．educational　　エ．effective
(C)　ア．at　　イ．from　　ウ．on　　エ．to

問 3　下線部(2)および(4)の語の意味に最も近いものを，それぞれア～エの中から1つずつ選びなさい。
(2) promote
　ア．Although he tried to promote her, the committee was opposed to it.
　イ．He asked the president to promote a new law to help the unemployed.
　ウ．She did a television interview to promote her new book.
　エ．The ambassador went to the enemy country to promote peace.

(4) engage
　ア．He asked the secretary to engage a room for the meeting.
　イ．She decided to engage the woman as her personal secretary.
　ウ．The book was guaranteed to engage its readers for hours.
　エ．The captain ordered the soldiers to engage the enemy.

問 4　次の問いの答えとして最も適当なものを，それぞれア～エの中から1つずつ選びなさい。
　1　Which of the following figures best describes the amount of time girls play video games compared to boys?
　　ア．around 25%　　イ．around 50%
　　ウ．around 100%　　エ．around 200%

2 Which of the following is NOT mentioned about the future of video games?
  ア．creating games that are more educational
  イ．decreasing the amount of time children spend playing games
  ウ．forcing girls to think about gaming technology
  エ．targeting the female market more

問5　下線部(あ)を和訳しなさい。

問6　下線部(い)の表す内容を20字以内の日本語で述べなさい。ただし句読点も1字に数えます。

¶1 ①Last year, I went to the store to buy a pair of jeans. ②I tend to wear my jeans until they're falling apart, so it had been a while since my last purchase. ③A nice young saleswoman greeted me.

¶2 ①"I want a pair of jeans — size 32-28," I said.

¶3 ①"Do you want them slim-fit, easy-fit or relaxed-fit?" she replied. ②"Do you want them looking new or already worn? ③Do you want them with a button front or a zipper[1)]?"

¶4 ①I was so shocked that I didn't know what to say. ②I finally said something like, "I just want regular jeans. ③You know, the kind that used to be the only kind."

¶5 ①The trouble was that there was no such thing as "regular jeans" anymore. ②(A), with all these options before me, I was no longer sure that I wanted "regular" ones. ③Perhaps the easy-fit or relaxed-fit would be more comfortable. ④So I decided to try them all.

¶6 ①The jeans I bought turned out to be just fine, but what occurred to me on that day is that buying a pair of jeans shouldn't be a day-long project.

¶7 ①By creating all these options, the industry undoubtedly has done a favor for customers with varied tastes and body types. ②However, it has also created a new problem. ③In the past, a buyer like me might have had to settle for a fit that was not perfect, but at least purchasing jeans was a five-minute affair. ④Now, (あ)it has become a complex decision in which

I was forced to invest time, energy, and no small amount of self-doubt and anxiety.

¶ 8　①It's not just jeans — forty-five types of bread, sixty-two kinds of drinks, eighty-three models of mobile telephones and dozens of calling plans.　②The list goes on.　③Wherever we turn, we face a huge range of choices.

¶ 9　①The good side of having all these choices is obvious.　②Choice equals freedom, and in a democratic society, freedom is among our most dearly held values.　③Economists tell us (1)there can never be too much choice.　④If you don't care about the variety in telephones, you can always just ignore it.　⑤But if you do care, variety means that you ought to be able to find the phone that is just right for you.

¶ 10　①(2)Convincing as this might sound, however, there's growing evidence that this logic is mistaken.　②For many of us, increased choice means decreased satisfaction.　③The fact that some choice is good doesn't necessarily mean that more choice is better.　④There's a cost.　⑤Too many options can paralyze, not free you.　⑥Studies show, (B), that as a store increases the varieties of chocolates on its shelves, shoppers are more likely to leave without buying any product at all.

¶ 11　①(3)The more choices we have, the more we seem to regret the decisions we make.　②Greater options seem to raise our expectations.　③So, we wonder: "Did we get what we wanted?　④Could another of the alternatives have been better?"　⑤While it may be true that a life without any freedom of choice would not be worth living, more choice doesn't necessarily mean greater happiness.

　　注　zipper[1]：チャック

問1　空所（　A　）および（　B　）に入れるのに最も適当な語を，それぞれア〜エの中から1つずつ選びなさい。
　　(A)　ア．Briefly　　　　　　　イ．Besides
　　　　 ウ．Fortunately　　　　　エ．Instead
　　(B)　ア．nevertheless　　　　 イ．in spite of that
　　　　 ウ．however　　　　　　 エ．for example

問2　下線部(1)および(2)の意味として最も適当なものを，それぞれア〜エの中から1つずつ選びなさい。
　　(1)ア．選択肢が多いはずがない
　　　 イ．選択肢を多くすることはできない
　　　 ウ．選択の自由はいくらあってもよい
　　　 エ．選択の自由が少ない可能性がある

　　(2)ア．これはもっともらしく聞こえるかもしれないが
　　　 イ．これは説得力があるように思われるかもしれないので
　　　 ウ．このことを確実に聞いたとしても
　　　 エ．これは確かだと思ってもよいが

問3　本文の内容に一致する英文を完成させるのに最も適当なものを，それぞれア〜エの中から1つずつ選びなさい。
　1　The author usually buys (　　　　).
　　　ア．new jeans which are worn out
　　　イ．new jeans whose style is very fashionable
　　　ウ．new jeans when his old ones are worn out
　　　エ．new jeans that are more slim-fit than "regular" ones

　2　The writer was "shocked" in the jeans shop because (　　　　).
　　　ア．the person who helped him was so nice and young
　　　イ．the shop had no jeans with a button front or a zipper
　　　ウ．he was able to find a pair of jeans that he actually liked
　　　エ．there were so many different kinds of jeans to choose from

3　A great variety of options to choose from is (　　　).
　ア．not recognized in economics
　イ．an unimportant value in a democracy
　ウ．not such a good thing as it might seem
　エ．more important for mobile phones than for jeans

4　The passage suggests that a greater variety will (　　　).
　ア．not bring more happiness
　イ．usually make people happier
　ウ．help improve one's ability to be happy
　エ．make people certain about their happiness

問4　下線部(あ)が指している内容を，10字程度の日本語で書きなさい。ただし句読点も1字に数えます。

問5　下線部(い)を和訳しなさい。

1

A few years ago, while in New York City, a friend took me to a **traditional** Japanese restaurant, where I **spent** the **entire** evening **worrying about** my shoes. The **manager** had put them in a **rack** by the front door, and I wondered if they would still be there when I left. They were not **particularly expensive** shoes, but the **possibility** that someone might **steal** them — and that I would have to walk back to my hotel in my **socks** — **bothered** me a lot.

If you are Japanese, you very **definitely** won't have **suffered** like this. To you, **removing** shoes **has to do with cleanliness** and **humility**, and is an important part of **tradition**. To Westerners, however, having to **shed** shoes can sometimes be **risky**. If you left them by the front door in some big-city restaurants I know, you might never see them again.

Anyway, while in the restaurant I made **several excuses** to go to the **washroom** — just so I could check to see if my shoes were still there. They were, of course. "If a man wanted to steal a pair of shoes," my friend **joked**, "he would **certainly** take mine, not yours. My shoes are better!"

I then **confessed** the truth. What really bothered me about having to **take off** my shoes that evening was this: we were in an expensive Japanese restaurant in the **heart** of Manhattan, and I had a **huge** hole in my sock.

2

There are many **environmental** problems in the world today. For example, the newspapers tell us that every year the earth is becoming hotter and the world's **forests** are becoming smaller.

Pollution's effect on animals is not a very well-known problem, but it is certainly an important one. One **recent** problem is the number of **frogs** born with only two or three **legs**. Some are born with **extra** legs. Some have no eyes. Some have extra eyes on their **backs** or on their **throats**.

The first frogs with these problems were found in Minnesota, USA by some school children in 1995. The children had gone to a **nearby pond** to study nature and they saw many **strange-looking** frogs there. **In fact**, one-third of the frogs in the pond had **serious** problems. Since that time, people have found strange-looking frogs in Canada, Denmark, China, and Japan.

The health of frogs is important to watch because frogs live both on the land and in the water. **As a result**, frogs **meet with** many different kinds of pollution. Also, frogs have a special kind of **skin**, and it is easy for pollution to enter their bodies. For this reason, frogs become sick quickly. So by watching the health of frogs, we can **guess at** the future health of other animals, **including** humans.

Although scientists **are sure that** more and more frogs have serious health problems, they can't **agree on** why frogs have these problems. Some scientists say it is because of pollution. Others say that it is **probably** because of natural **diseases** and **therefore** not because of **human beings**.

Scientists all over the world are studying this problem carefully. However, they believe that they still need about five years to find the **cause** of the problem.

3

If you want to enjoy your **golden years**, one of the best things you can do is to be **active** when you're still young. Getting **plenty of exercise** is like putting money into the bank. The earlier you start, the **better off** you will be later in life. Making exercise a regular **habit** also **improves mental outlook** and **motivation**. So let's start exercising now to enjoy a happy and active life, no matter what age we are.

No one can **deny** that even with regular exercise, the body **inevitably slows down somewhat** as we **age**. However, it takes about six years for one's **motor ability** to **lessen as opposed to** only one year to **raise** it through regular **physical** activity. **Experts** in sports **medicine stress** that people who start exercising before age 40 can **maintain** their physical **strength** to a great **extent** as they age.

Today many **seniors continue to** play sports. **Tournaments** and **competitions** in which seniors **challenge one another** are quite **common**. What is **amazing**, however, is that seniors and **middle-aged** people **are eager to compete equally** with their younger **colleagues**! They are **clamoring for tough** competition because they are so **energetic** and **dynamic** that they want a real challenge.

A good example is the "Grand Senior Championship" competition for dancers. All **participants** must be **amateurs** who are **at least** 55 years old. The **championship** was **initially established** by a group of **retired** dancers who thought that dancing could be more than something that was simply **pleasant** or **mildly healthful**. One 70-years-old dancer **admits** that he doesn't like to **lose** against dancers in their 50s. **In other words**, the younger and tougher the competition is, the sweeter the **victory**!

Clearly, sports and physical activity are **increasingly** important in the lives of many middle-aged and **aging** people in Japan.

4

Anyone may become ill from **stress** if they **experience** a lot of **worry** over a long **period** and their health is not good. Stress can be a friend or an **enemy**. It can **warn you that** you are under too much **pressure** and should change your way of life. It can kill you if you don't **notice** the **warning signals**. Doctors **agree that** stress is **probably** the biggest single **cause** of illness in the western world.

When we are **frightened** and **worried** our bodies **produce certain chemicals** to **help us fight** what is troubling us. **Unfortunately** these chemicals produce the energy needed to **run away** fast from something we **fear**, and in **modern** life that's often impossible. If we don't **use up** these chemicals, or if we produce too many of them, they may **actually harm** us. The parts of the body that are the most **affected** by stress are the **stomach**, heart, **skin**, head and **back**. Stress can **cause** car accidents, **heart attacks**, and **alcoholism** and may even **cause people to kill themselves**.

Our living and working **conditions** may put us under stress. **Overcrowding** in large cities, **traffic jams**, **competition** for jobs, **uncertainty** about the **future**, or any big change in our lives may be **stressful**. If you have changed jobs or moved house in recent months you **are likely to** feel bad **due to** stress. And more people kill themselves in times of **economic crisis**.

How do you know when you are **suffering from** stress? A very **common danger** signal is not being able to **relax**. "When you're taking work home, when you can't enjoy an evening with friends, when you don't have time to take a walk outside — that is the time to stop and ask yourself if your lifestyle is good for your health," says one family doctor. "Then it's time to **take it** a little **easier** and learn how to relax."

5

In an **experiment** some years ago, a group of scientists asked their student **volunteers** to **wear** special **eyeglasses** that **inverted** the **image**: the lenses turned everything **upside down**. For the first few days of the experiment, the students were **stumbling around**. They were **bumping into** desks, walking into corners as they changed classes, **falling flat on their faces**, and generally having a difficult time. Because they knew how things really were, their **brains rejected** this new **false** data — **at least** at first.

Then something **odd happened**. After just a few days, the students began to **accept** their **fictional**, upside-down world **as** the real one. Their brains **became accustomed to** the **distortion**. They weren't even **questioning** that up was now down and down was now up. By the end of just one week, they were getting around perfectly fine.

"Hmm," said the **researchers**. They **decided to prolong** the **experiment** for a full month. By the end of that month, the students reported that the eyeglasses no longer **posed** any problem at all. They said they **considered** their **orientation close to normal**. They could read and write almost as easily as they had before the **project**; they could **accurately measure distances**; and they were even able to **navigate** long **flights** of **stairs** as **smoothly** as their **"right-sighted"** friends.

What this experiment **suggests** is that we will quickly **adapt to** our **perceptions**, even if we're looking at the world through a lens that **completely distorts reality**. Given enough time, we soon **treat** a **faulty** perception as normal.**Provide** people **with** enough data, and you can **convince** most people **of** anything. We have seen **dramatic** examples of this throughout history. People young and old, smart and **stupid**, **sophisticated** or not, have had their **views**, their realities, their **values altered** by **a flood of** distorted data. People who once had a clear view of life, a strong **sense** of right and wrong, strongly held **priorities** and values, **nonetheless** begin to accept distortions as the truth. A **perspective** that is quite wrong starts to look right, often with **tragic results**.

6

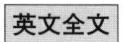

　Viruses are **extremely** small **organisms**. They can **enter** your body **at any time without your knowledge** and make you sick. Computers can **suffer from** "viruses," too. They are not like the ones that **invade** the human body, of course, but there are some **similarities**. **Disease-causing** viruses are **unwanted** organisms that can be **transmitted** through the air and can **harm** the body after entering it **secretly**. Their computer **counterparts** are really unwanted programs that travel through **electronic media** such as telephone lines, and they can harm a computer or the **information stored** in it after entering the **device** secretly.

　A computer virus tells the computer to do something the computer's owner does not want it to do. For example, a virus could enter a bank's computer system. It might tell the system to **destroy** information about money **belonging to** everyone with the first name "John." Like an **influenza** that **spreads** from person to person, a computer virus spreads from one computer to another.

　A virus like this was created in the U.S. by a university student studying computer science. The computers **affected** by the virus were in **major** universities, **government agencies** and **private companies**. They were part of a United States Defense Department system. They were **linked** by telephone. The university student placed the virus **commands** in a computer at his school. The computer sent the commands to other computers through linked telephone lines. The virus told each computer to make many copies of itself. Within a few minutes all the power of **"infected"** computers was being used to make copies of the virus. The computers could do no other work. They **finally slowed down** greatly or simply stopped working.

　Experts spent many days trying to destroy the virus. The problems that were **caused** could have been much worse. For example, the virus could have sent **orders** to destroy **huge amounts** of information stored in the computers. Better computer **security** is needed, but that is a problem. The affected system in America provides a free exchange of ideas and information among universities, private companies and **government offices**. **Increasing** security too much would destroy this **exchange**. It would slow **progress** on many important research projects.

7

More than half the **species** of **plants** and animals of the Earth live in the **rainforests**. We know about only **a small number of** these species. We could learn more, but we must hurry.

The peoples of the rainforests have always used plants to make **medicines**. Today, all over the world, people use medicines made from rainforest plants. Quinine, the medicine for **malaria**, comes from the cinchona tree of Peru. The leaves of the **rosy** periwinkle from Madagascar are used as a medicine for the **deadly blood disease**, leukaemia.

Many new medicines are waiting in the rainforests. If we **destroy** the forests, we shall never find them.

Rainforest trees are used to make things which we use every day. **Rubber**, for example, is used to make many things. The fruits of many forest trees are good to eat — forest people have eaten them for **thousands of** years. Today, all over the world, people eat rainforest food plants; for example, coffee, tea, oranges, and rice. Maize, which is an important food for many people of the world, is another rainforest plant.

In 1970, a disease destroyed half the maize in the United States of America. Scientists began to **look for** new species of maize in the rainforests. In 1987, in the Mexican rainforest they found a new species which is stronger than other species. But we **nearly** lost this new species of maize, because people were already cutting down that part of the Mexican rainforest.

Nobody knows how many **useful** plants are already lost because people have destroyed many of the rainforests of the world.

The trees of the rainforests help the Earth's air because their leaves use **carbon dioxide** and make **oxygen**, which we need to live.

They are also important because they **control** some of the Earth's **weather**. Through their large leaves, they **give out water vapour** which makes heavy clouds. The clouds then move to other parts of the Earth and give rain. The clouds also **protect** the Earth **from** the sun.

Today, the Earth is slowly getting hotter, and in some places changes in the weather are making life much more difficult for **millions of** people. We need to learn more about the Earth's weather while we still have the rainforests.

8

"The more you learn, the more you **earn**," Americans often say. In the U.S.A., almost all jobs that **pay well require** some **education** or **technical** training beyond high school. A college education is not just **preparation** for a **career**, however. **In addition to** taking courses in their **major field** of study, students take elective courses. They may take classes that help them understand more about people, nature, **government**, or the arts. **Well-rounded** people **are likely to** be better **citizens**, better parents, and more **interesting** and **interested individuals**.

Although two-thirds of American high school **graduates enter** college, **recent** high school graduates **no longer dominate** the college campuses. Adults of all ages **return to** the classroom **either** for new work **skills or** for **personal growth**. In 1996, for example, almost 20% of American college students were over the age of 35. Some 500,000 college students are over 50.

American **faith** in the **value** of education is **exemplified** by the rising number of Americans who have **at least** a **bachelor's degree**. Almost **one-quarter** of Americans over the age of 25 are college graduates. College **attendance** is not **reserved for** the **wealthy** and the **academically talented**. It is **available** to anyone who wants to go. **Right now**, about 15 million students are **taking advantage of** the **opportunity**. For those not academically **prepared to handle** college-level work, about 80% of **undergraduate** schools **offer** remedial classes in reading, writing, and **math**.

The U.S.A. has about 3,700 **institutions** of **higher learning**. About 1,600 of these are two-year schools. More than 2,000 are four-year schools, many of which also have graduate programs. With so many colleges to choose from, how do **prospective** students find the right one for their needs? Information about schools is easy to **obtain** from school **guidance counselors**, college guidebooks, **public libraries**, the Internet, and the schools themselves. Students can **write for** pamphlets and **applications**. Some schools even **mail out** videos. Students can also use computer programs that **allow** them **to specify particular** interests and print out a list of schools that **fit** their **description**. Most institutions of higher learning also have **Web sites**. Many schools send college **representatives** to high schools and two-year colleges to **recruit** students. **Finally,** many students visit colleges, take **tours** of campuses, and talk to counselors.

9

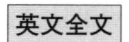

New **technologies helped cities absorb** the **millions of** people who **flocked** there. For example, new technologies made **possible** the **construction** of **skyscrapers**, buildings that looked tall enough to **scrape** the sky. Skyscrapers helped cities grow and made modern city life possible.

The elevator was a **key invention** for **constructing** tall buildings that could hold **greater numbers of** people. Before the 1860s, buildings **rarely** rose higher than four **stories** because it was hard for people to climb to the top. In 1889, the Otis Elevator Company **installed** the first electric elevator. Now buildings could be more than a few stories tall because people **no longer** had to walk up to the higher floors. As a result, buildings could hold more people.

The use of **steel** also helped to increase the height of buildings. In 1885, the Home Insurance Building in Chicago **boasted** an **iron** and steel **framework** that could hold the **enormous weight** of the skyscraper's floors and walls. The building climbed to ten stories. Skyscrapers changed the **view** of the city forever.

As **electricity** helped change the way people traveled inside buildings, it also changed how people traveled around cities. Before **industrialization**, people walked or used **horse-drawn vehicles** to travel over land. But by 1900, electric **streetcars** in American cities were carrying more than 5 **billion passengers** a year. Streetcars and trains changed the walking city into the streetcar city.

In 1888, Richmond, Virginia, became the first American city to have a **transportation system powered** by electricity. Other cities soon installed their own electric streetcars. The streetcars could quickly carry people to work and play all over the city. Some cities, such as Chicago, moved their electric streetcars above the street level, **creating elevated lines**. Other cities, like New York, **placed** their city rail lines in **underground tunnels**, making **subways**.

The streetcar city **spread outward** from the city's center in ways the walking city never could. The ability to live farther away from work helped new **suburbs** to **develop** around cities. Some people in the suburbs wanted to become part of the city they **bordered**. People also could be **served** by the city's transportation. **Largely due to public** transportation, cities **expanded**. For example, in 1889, Chicago **added** several suburbs and more than **doubled** its **population** as well as its **area**.

10

Did you know that there are **only a few differences** between humans and animals? Whether you watch the family dog, an **elephant** in the **zoo**, or a **mountain goat** in **the Andes**, you'll see that they do **essentially** the same thing. They eat, sleep, **seek shelter**, and **breed**. Those are all **instincts**. That's what they **live by**. Their **sole purpose** is to **survive**. They **react to chance happenings** and are **conditioned** by their **environment**. That's why it's so easy to **train** them.

How are we different? We have the same body parts and **functions**. And we have the same **basic** needs, **along with** the instinct for survival. Like the animals, we react to what happens around us, and we **allow** ourselves **to** become conditioned by our environment. And whether we like to **admit** it or not, we're also easy to train. The only difference is that for us, it doesn't have to be that way. We have more than instincts. We have the **ability** to **choose**. That's what **separates** human beings **from** the animal world. And if we don't **exercise** that ability, then we're no **better off** than animals. All we're doing is surviving. **Instead of** living, we're **simply existing**.

The starting point for a better life is **discovering** that we have **choices**. **Sadly**, many people never make that **discovery**. They live in a country that **offers** a lot of freedom of choice, yet they live like **prisoners**, **trapped** by **circumstances**. I'm always **amazed at** some of the **excuses** people **come up with** for not **taking advantage of** life's **opportunities** to make new choices: not enough money, no time, wrong conditions, poor **luck**, **lousy** weather, too tired, bad **mood**, and list **goes on**. But **the truth is that** they just don't see their choices. It's like being **locked up somewhere** and having a key in your pocket that'll **set** you **free**, but never using it **simply because** you don't know it's there.

You have more choices than you ever dreamed **possible**. The key is knowing that they're there — every day of your life. We live by choice, not **by chance**. It isn't what happens that's most important. It's how we **deal with** what happens. It's what we choose to think and what we choose to do that are most important.

11

Family life in the United States is changing. About thirty years ago a **housewife** cleaned the house, cooked every family **meal**, and **cared for** the children. She was the most important person in the home. The father **earned** the money for the family. He usually worked outside the home all day long. He came home tired in the evening. So he did not see the children very much, **except** on weekends. His work at home was usually outside in the **yard**. Cooking and cleaning were only women's work.

These days, however, many women work outside the home. They can't be at home with their children all day. They, too, come home tired in the evening. They do not want to **spend** the evening cooking dinner. They do not have time to clean the house or wash the clothes. So who is going to **take care of** the children now? Who is going to do the **housework**?

Every family may have a different answer to these questions. But usually the wife does not have to do all the work herself. Today she can get help with her children. One kind of help is the **day-care center**. Then she **is free to** go to work during the day. Most children enjoy playing with **toys** and games, and with other children in these centers.

When a woman works for a **company**, the company may give the woman another kind of help. The company may **allow** her **to work part-time**. That way, she can earn some money, and she can also be with her children part of every day.

A woman can get the most important help from her husband. Today many men **share** the housework **with** their wives. In these families the men clean the kitchen and wash the clothes. On some nights the wife cooks dinner. On other nights the husband does. They both go shopping and they clean the house together. The husband may also **spend** more time at home with the children. Some men may even stop working **for a while** or work only part-time. People call these men "**house-husbands**." In the United States more and more men are becoming house-husbands every year.

These changes in the home mean changes in the family. Fathers can **be**

closer to their children because they are at home more. They can **learn to** understand their children better. Husbands and wives may also find changes in their **marriage**. They, too, may have a better understanding of each other.

12

Most people **spend** an **extremely large amount of** their life talking, listening, and, in **advanced societies**, reading and writing. Normal **conversation** uses 4,000 or 5,000 words an hour. A person reading at a normal speed **covers** 14,000 or 15,000 words **per** hour. So someone who **chats** for an hour, listens to a radio talk for an hour and reads for an hour **possibly comes into contact with** 25,000 words in that time.

The use of language is an **integral** part of being human. Children all over the world start **putting** words **together** at about the same age, and **follow similar paths** in their speech **development**. All languages are **surprisingly** similar in their **basic structure**, whether they are found in South America, Australia or near **the North Pole**. Language and **abstract thought are closely connected**, and many people think that this **characteristic above all distinguishes human beings from** animals.

An **inability to** use language **adequately** can **affect** people's **status** in society and may even **alter** their **personality**. Because of its **crucial** importance in human life, every year an **increasing** number of **psychologists**, teachers, and computer scientists **realize** that they need to study language more deeply. So it is not **surprising** that in **recent** years one of the **fastest-expanding branches** of **knowledge** has been **linguistics**, the **systematic** study of language.

Linguistics tries to answer the basic questions 'What is language?' and 'How does language work?' It tries to find out the **various aspects** of these problems, such as 'What do all languages have **in common**?,' 'How does human language **differ from** animal communication?,' 'How does a child learn to speak?' **and so on**.

A person who studies linguistic is usually **referred to as** a **linguist**. The more **accurate term** '**linguistician**' is too **much of a tongue-twister** to become **generally accepted**. The word 'linguist' is **unsatisfactory**: it **causes confusion**, since it also refers to someone who speaks a large number of languages. Linguists **in the sense of** linguistic **experts** need not be **fluent** in languages, though they must have a wide experience of different types of languages. It is more important for them to **analyze** and **explain** linguistic **phenomena** such as the **Turkish** sound system, or **German nouns**, than to **make themselves understood** in **Istanbul** or **Berlin**. They are **skilled, objective observers rather than consumers** of languages.

Our type of linguist is rather similar to an **academic researcher** of music. Such a person need not **actually** play the **concerto**. Music **theory bears** the same **relation to actual** music as linguistics does to language.

(Adapted from *Linguistics* by Jean Aitchison, 1999)

13

    Spiders are very small. So it is easy to think that they do not make anything **strong**. However, a scientist at Oxford University in Britain has **discovered** this is not **true**. David Knight says that **eight-legged** spiders **create** a **material** called **silk** that could be as strong as rope.

    Mr. Knight has been studying spiders and the natural silk material they **produce** for many years. The main **subject** of his **research** is the **complex chemical process** that spiders use to make their silk. Mr. Knight's **findings** were **published recently** in the **British** magazine, *nature*.

    Mr. Knight says that silk is very **thin**, but **extremely** strong. This is because the **threads** of silk are made into a complex **structure**. Mr. Knight says the silk is made from **protein molecules**. It **forms** in the parts of the spider's body called silk glands. The silk is like pieces of **string**. It is **rolled** into small balls. When the spider wants to make, or **spin**, some silk, it carefully **unrolls** the balls. The pieces of string **join** together. When the spider wants to move, it joins all the small strings of silk into one long thread. Then it can move down the thread. Wherever a spider goes, it spins a silk thread behind itself.

    Mr. Knight says that spiders can make and use as many as seven kinds of silk. It uses one kind of silk for making the structure of the spider's **web** — where it **traps insects**. It uses another **stretchy** silk for making **round links** in the web. Mr. Knight says those links are covered by another kind of silk that is very **sticky**. This sticky material makes it difficult for insects to **escape** after they are caught in the spider's web.

    Spider silk is strong enough to catch insects. Its **strength** can be **measured**. Mr. Knight says the silk from an Orb web spider is five times stronger than **fiber** made by man. He also **estimates that** a rope of spider silk as **thick** as one pencil could pull a large ship through the water. He says one day people may be able to make material as strong as a spider's silk. It could be used **in place of** rope.

    Spider silk is a **useful** material. It does not **harm** the **environment**. It can be **reused** by spiders. So people may **wonder** why they cannot use spiders to **manufacture** silk for **industrial** use. Mr. Knight says it is because spiders can not be **farmed**. He says if you put them in a room together, they will try to eat **each other**.

14

As **civilization advanced**, it seems speed was a **skill** that humans **were eager to acquire** more and more. There were many reasons for this. In **ancient** times, the **ability** to move **suddenly** was needed for **obtaining** food. The power to run fast was quite **useful** to **escape danger**. By finishing one **task quickly**, people had time to **solve** other problems **as well as** time to enjoy **leisure activities**. By doing more things in less time, people thought that a lot could be **achieved** in a **lifetime**. They felt that by becoming speedier and more **productive**, life would be **rewarding** for themselves and others. So speed itself has now become a technique which is **considered** to be **essential in order to succeed** in **society**.

However, in most **developed countries** today, we need not run very fast or far to **get our hands on** food. **In fact**, some people **hardly** move when they want food. By just using a telephone while sitting on a sofa at home, they can order food which is soon **delivered** to their door. If you go out to eat, you will easily find a place to take a **meal** at. There are many places where you can get food without even going inside. You just go to the window, choose a set from the menu, wait a few moments, pay for the food, and then drive through. Yes, **as regards eating habits**, **human beings** have learned very well how to do things **in a hurry**.

Maybe we have **learned to** do things too fast. It is said that you are what you eat. This means that the **quality** of the food you take has a deep **influence** on your **whole being**. The way you **actually** take food is said to be **equally** important. In other words, **healthy-dining** should be **regarded as** both a **duty** and a **process**. The idea that people should **appreciate** their food, by eating meals carefully and at a slow pace, **gave birth to** a new **organization** called *Slow Food* in a small town in Italy in 1986. It now has over 70,000 members in more than fifty countries, a fact which **seems to indicate** that many people are **keen** to try the **opposite** of a speedy lifestyle.

Slow Food members regard **traditional** meals as a very **precious** part of culture that should **be handed down to** the next **generation**. They say modern society **thinks** too **much of** speed, **efficiency** and **convenience**. Such a lifestyle can **lead** us **to neglect matters** that **take time**, such as **looking after the natural world** which **provides** our food and **sustains** all of life. *Slow Food* members are telling us that, by enjoying nature's **gifts** at a slower pace, we can **nourish** a **peaceful** mind in a healthy body.

15

Young people are now **spending** more time playing video games than watching television. For parents and **educators concerned with** children's **exposure to violence**, this is **not necessarily** good news. A new Michigan State University **survey** of **youths** from **grade** five through university level found that all are spending as much or more time playing games as watching television, and that boys spend about **twice as** much time playing video games **as** girls do. But the **violent content** of those games, **particularly** those **favored** by **males**, is of **growing concern** to families, schools, and **policy makers**. Gaming is **interactive**, while television viewing is **passive**, so the **risk** may be greater that exposure to violent games will **result in** violent **behavior, suggests** a **recent** study led by **psychologist** Craig A. Anderson of Iowa State University.

"The **impact** of exposure to violent video games has not been studied as **extensively** as the impact of exposure to TV or movie violence," the **researchers** write. "However, **on the whole**, the **results** reported for video games until now **are** very **similar to** those **obtained** in the **investigations** of TV and movie violence." Among the **effects** of violent game playing are **increases** in **physiological arousal** and **physically aggressive** behavior, such as hitting, kicking, and pulling clothes or hair. Studies also have found a **reduction** in **helpful** behavior among youths **exposed to** violent video games.

Males **tend to prefer action-oriented** video games **involving** shooting, fighting, sports, action adventure, fantasy role-playing, and **strategy**, **according to** the Michigan State survey. **Females** prefer **classic board games, trivia quizzes** and puzzles. Electronic game playing gets young people **involved with technologies** and **opens up opportunities** in **high-paying** tech careers, **notes communications professor** Bradley Greenberg of Michigan State.

"It is believed that these opportunities go to boys because they spend more time working with **electronic games** and computers," says Greenberg. "If girls become more involved with technology at an early age, it is likely that the interest in technology will continue into the work world." If females do become more involved in technology fields, including game development, they may create less-violent games that promote cooperation rather than aggression.

Video games are in 80% of U.S. homes with children; they generated $6 billion in 2000 and $11 billion by 2003. "All indications are that the industry will continue to grow at a healthy rate," says Greenberg. "The emerging market is for games designed more with girls in mind that engage them for longer periods of time and force them to further investigate the technology behind the games. The next frontier involves transferring video-game technology to educational settings and using the young people's fascination with the games to involve them more with innovative teaching technologies." Until that day comes, however, more awareness is needed of the impact of violent games on young people's behavior, Anderson and his colleagues conclude.

16

Last year, I went to the store to buy **a pair of** jeans. I **tend to wear** my jeans until they're **falling apart**, so it had been a **while** since my last **purchase**. A nice young saleswoman **greeted** me.

"I want a pair of jeans — size 32-28," I said.

"Do you want them slim-fit, easy-fit or relaxed-fit?" she **replied**. "Do you want them looking new or already **worn**? Do you want them with a **button** front or a zipper?"

I was so shocked that I didn't know what to say. I **finally** said something like, "I just want **regular** jeans. You know, the kind that **used to** be the only kind."

The trouble was that there was no such thing as "regular jeans" anymore. Besides, with all these **options** before me, I **was no longer sure that** I wanted "regular" ones. Perhaps the easy-fit or relaxed-fit would be more **comfortable**. So I **decided to** try them all.

The jeans I bought **turned out to be** just fine, but what **occurred to** me on that day is that buying a pair of jeans shouldn't be a **day-long project**.

By **creating** all these options, the **industry undoubtedly** has **done a favor for customers** with **varied tastes** and body types. However, it has also created a new problem. **In the past**, a buyer like me might have had to **settle for** a **fit** that was not perfect, but **at least purchasing** jeans was a five-minute **affair**. Now, it has become a **complex decision** in which I **was forced to invest** time, energy, and no **small amount of self-doubt** and **anxiety**.

It's not just jeans — forty-five types of bread, sixty-two kinds of drinks, eighty-three models of **mobile telephones** and **dozens of** calling plans. The list **goes on**. Wherever we turn, we **face** a **huge range** of **choices**.

The good side of having all these choices is **obvious**. Choice **equals** freedom, and in a **democratic society**, freedom is among our most **dearly** held **values**. **Economists** tell us there can never be too much choice. If you don't **care about** the **variety** in telephones, you can always just **ignore** it. But if you do care, variety **means** that you **ought to** be able to find the phone that **is** just **right for** you.

Convincing as this might **sound**, however, there's growing **evidence** that this **logic** is **mistaken**. For many of us, **increased** choice means **decreased satisfaction**. The fact that some choice is good **doesn't necessarily** mean that more choice is better. There's a **cost**. Too many options can **paralyze**, not **free** you. Studies show, for example, that as a store increases the varieties of chocolates on its **shelves, shoppers are** more **likely to** leave without buying any **product at all**.

The more choices we have, the more we **seem to regret** the decisions we make. Greater options seem to **raise** our **expectations**. So, we **wonder:** "Did we get what we wanted? Could another of the **alternatives** have been better?" While it may be true that a life without any freedom of choice would not be **worth living**, more choice doesn't necessarily mean greater happiness.

KP
KAWAI PUBLISHING